VIVIENDA Y JUSTICIA: UNA PERSPECTIVA BÍBLICA

HOUSING JUSTICE: A BIBLICAL PERSPECTIVE

Jill Suzanne Shook
autora y editor

Vine and Fig Tree Publications
[Publicaciones de la Viña y la Higuera]
Pasadena, CA
makinghousinghappen.com
makinghousinghappen.net
jill@makinghousinghappen.com

Capítulo Dos "Vivienda y justicia: una perspectiva bíblica" viene del libro *Making Housing Happen, Faith-Based Affordable Housing Models (Haciendo realidad la vivienda: modelos de vivienda asequible basados en la fe)*, Segunda edición, 2012. Cascade Libros, una división de Wipf and Stock Publishers, 199 W 8th Ave., Suite 3, Eugene, OR 97401 www.wiffandstock.com

Chapter Two "Housing Justice: A Biblical Perspective" is taken from the book *Making Housing Happen, Faith-Based Affordable Housing Models*, Second Edition, 2012. Cascade Books, a Division of Wipf and Stock Publishers, 199 W 8th Ave, Suite 3, Eugene, OR 97401 www.wiffandstock.com

ISBN-13:
978-1507849873
ISBN-10:
1507849877

Arte de la portada del libro es un cuadro de acuarela pintada por Donna Shook, lo cual representa (de arriba abajo): Glencastle (Atlanta, GA), unas casas rehabilitadas en Lawndale (Chicago, Illinois), Comunidad Cambria (Los Angeles, CA); la capilla en Broetje Farms (en el estado de Washington); y un hogar para dos familias en el modelo Nehemías, (South Bronx, NY). Usado con permiso del artista Donna Shook, www.donnashook.com.

Cover art by Donna Shook, a water color painting depicting (top to bottom): GlenCastle (Atlanta, GA), rehabbed brownstone in Lawndale (Chicago, Illinois), Communidad Cambria (Los Angeles, CA), the Chapel (Broetje Farms, Washington State), and a Nehemiah two-family home (South Bronx, NY). Used with the artist's permission, www.donnashook.com.

DEDICACIÓN

Este libro está dedicado al Comité Mundial de Consulta de los Amigos , Sección de la Américas, y para todos los que trabajan por la paz y la justicia en el espíritu de Cristo.

DEDICATION

This book is dedicated to the Friends World Committee for Consultation, Section of the Americas, and to all who are working for peace and justice in the spirit of Christ

Tabla de contenido

Table of Contents

Recomendaciones:

Recomendaciones sobre el libro *Haciendo realidad la vivienda: modelos de vivienda asequible basados en la fe* y *Vivienda y justicia: una perspectiva bíblica*.

"Jill Shook ha recopilado comentarios sabios y sagaces de los expertos en el ámbito de la vivienda. Juntos ofrecen perspectivas teológicas y bíblicas rara vez consideradas que precisamos para motivarnos a hacer frente a una crisis en Estados Unidos. La gente de la Iglesia tiene que hacer algo acerca de esta crisis y este libro les ayudará enormemente si están dispuestos a asumir el reto esbozado en estas páginas".
Tony Campolo, Ph.D. Professor Emeritus, Eastern University, St. Davids, PA

"La mayoría de los estadounidenses, en particular los del sector religioso, serán profundamente conmovidos al saber que 1.37 millones de niños estadounidenses no tienen hogar. En verdad es una sociedad vulgar que no salvaguarda a sus pequeños. Viniendo directamente de la Palabra de Vida, Jill Shook sacude los cimientos de nuestras vidas en *Haciendo realidad la vivienda*, una obra que va desde la descripción del problema a la prescripción para el problema. La nuestra no es la falta de conocimientos especializados tanto como una falta de voluntad. Si vamos a hacerlo, el Creador soplará los medios necesarios en la arcilla del compromiso para hacer que exista un jardín. Jill Shook nos invita a inhalar".
Rev. Cecil L. "Chip" Murray, Ministro Emérito de la Primera Iglesia AME, Los Ángeles
Cátedra Tanzy de Ética Cristiana, University of Southern California

"*Haciendo realidad la vivienda* da ejemplos inspiradores a los estudiantes sobre cómo pueden participar para hacer una diferencia en las vidas de las personas a lo largo de toda la comunidad. Es real, práctico y personal. *Haciendo realidad la vivienda* presenta las frías estadísticas de la crisis de vivienda asequible en Estados Unidos y las retrata vívidamente con emotivas historias de lucha y triunfo".
Dr. Russell James III, Profesor Adjunto, Departamento de Vivienda y Economía del Consumidor, University of Georgia

"Una invitación a imaginar cómo la provisión de una vivienda segura, asequible, energéticamente eficiente, y a una escala humana equitativa que puede ser liberada de la dictadura de las fuerzas del mercado para servir como una señal del nuevo orden de Dios. No puedo pensar en otras

cuestiones más urgentes y en otros libros que lo interpreten con tanta sabiduría teológica".
Richard Slimbach, Azusa Pacific University, Azusa CA

"En este volumen, Jill Shook reúne información sobre la amplitud y la gravedad de nuestra escasez nacional de vivienda asequible, con los temas bíblicos y los mandamientos que hacen que mucho de esto sea un asunto de la Iglesia. Una riqueza de colaboradores de diversos talentos y amplia experiencia comparten las historias de proyectos exitosos, basados en la iglesia, para proporcionar alternativas, junto con los entendimiento adquiridos. Esto recuerda la exhortación de San Juan: 'No amemos de palabra ni de lengua, sino de hecho y en verdad.'"
Sondra Wheeler, Profesora Martha Ashby Carr de Ética Cristiana, Wesley Theological Seminary, Washington, D.C.

"Este es el mejor libro sobre vivienda que he leído durante años, probablemente desde el clásico de Bowerly, *The Poor House* (Southern Illinois University Press). Los asuntos emergen con claridad. La increíble variedad de recursos y documentación es excelente. Por encima de todo, la visión teológica se acompaña de poder y de pasión…Shook ha logrado unir las historias prácticas e inspiradoras de varias personas con más experiencia del todo el mundo urbano. Estos capítulos sucesivos convierte este libro en una lectura obligatoria para cualquier persona que sirve al Señor en las ciudades de hoy".
Ray Bakke, Canciller, profesor distinguido del ministerio urbano global

"*Haciendo realidad la vivienda* proporciona esperanza y lo entrega de una manera clara, digerible e integral a quienes no son expertos. Basándose en la experiencia de proveedores de vivienda por todo el país, Shook combina inspiración y sentido práctico en las proporciones exactas".
Tim Iglesias, University of San Francisco School of Law

"*Haciendo realidad la vivienda* es un texto ¡excelente y muy necesario! Es un libro que será sumamente bienvenido en muchos círculos de lectores que se preocupan por la crisis de la vivienda…además de proporcionar un sólido fundamento histórico, teológico y de los derechos humanos para viviendas asequibles, lo que hace que este libro sea especial son sus amplios y paradigmáticos modelos enfoques que son basados en la fe y orientados por la iglesia para un ministerio de vivienda. Sus historias profundas y llenas de fe, y sus testimonios de ministerios de vivienda exitosos deben resultar inspiradoras, instructivas y retadoras para todas las congregaciones que se esfuerzan por "Y busquen el bienestar (la paz) de

la ciudad" (Jer. 29: 7)
Rev. Eldin Villafane, PhD., Profesor de Ética Social Cristiana Centro para la Educación Urbana Ministerial (CUME), Gordon-Conwell Theological Seminary, Boston, MA

"Jill reúne estas historias con una visión de cambiar el sistema con una narrativa teológica inigualable. Antes de leer el libro, luche respecto a cómo enfrentar las profundas heridas de la crisis de la vivienda de una manera fiel. Después de leer este libro, fui conmovida e inspirada a trabajar con las comunidades de fe para encontrar soluciones a la falta de vivienda para los desamparados. *Haciendo realidad la vivienda* es un recurso increíble para mí y una herramienta de referencia, para movilizar a congregaciones para crear y abogar por vivienda digna en mi comunidad. Sus historias y ejemplos están llenos de inspiración, de sabiduría ganada con gran esfuerzo y de esperanza".
Allison Johnson, Organizadora Congregacional de Asociaciones, Beacon Interfaith Housing Collaborative
Minneapolis, MN

"La falta de vivienda asequible es uno de los principales factores que contribuyen a la pobreza en los Estados Unidos. *Haciendo realidad la vivienda* recolecta las historias de diversos programas locales, basados en la fe, que están haciendo una diferencia en sus comunidades. Lo encomiendo a todos los cristianos que buscan trabar en formas que mejoren las condiciones de las personas en situación de pobreza – lo que debieran hacer todos los cristianos".
Jim Wallis, fundador y editor de la revista *Sojourners*

"Un libro importante sobre un tema urgente. Que la iglesia responda a este potente llamado a la acción".
Ronald J. Sider, Presidente, Evangélicos para la Acción Social

"Shook y sus colegas mezclan la inspiración y la realidad práctica poderosamente, entretejiendo la necesidad de vivienda asequible, las enseñanzas de la tradición profética, y los logros tangibles de las iglesias y otras organizaciones religiosas de todo el país... Este libro debe ser leído por cualquier persona de fe dispuesta a poner dicha fe en práctica".
Alan Mallach
Asociado Principal, Senior Fellow of the National Housing Institute and Brookings Institution

"Una de las preocupaciones que estoy oyendo en comunidades alrededor del país es la gentrificación – la perdida de vivienda y vecindad de los pobres por causa de un tipo de desarrollo económico sin corazón. Es más que necesario que la iglesia responda de una manera seria y comprometida– una que utiliza todos nuestros dones. *Vivienda y justicia: una perspectiva bíblica.* nos ofrece la información y animo que necesitamos para cumplir con la voluntad de Dios en esta área, para practicar la mayordomía de nuestra influencia para la restauración de su pueblo".

Rvda. Alexia Salvatierra, Autora,
Faith-Rooted Organizing: Mobilizing the Church in Service to the World

"Desde la época colonial en Latinoamérica, hasta ahora en los barrios de Los Estados Unidos, nuestra historia es una de marginación racial expresada a través de segregación físico y espacial. Shook nos ofrece un marco teológico muy convincente para el entendimiento de esa historia de marginación social y racial".

Rev. Dr. Robert Chao Romero
Profesor, UCLA Departamento de Estudios Chicanos

"Como arquitecto que ha trabajado con comunidades desventajadas social y económicamente, reconozco la importancia de trabajar para un cliente que tenga una sólida visión que guiará e inspirará a llevar a cabo su obra. Este libro es un importante compendio de experiencias y de opciones que congregaciones con una visión de desarrollo comunitario pueden estudiar, reflexionar e, incluso, llevar a la acción. Será un instrumento para descubrir el espíritu que mueve y unifica todos estos esfuerzos. Ojalá este libro ayude a que ese mismo espíritu siga soplando sobre nuestras ciudades y transforme inequidad en justicia".

Jose Noel Toro, Arquitecto
American Association of Architects

"Mediante el uso de la sabiduría hebrea y cristiana, este libro ofrece una invitación alternativa para el cuerpo de Cristo hacer realidad a los textos antiguos en el mundo de hoy. Los autores demuestran que aunque la tarea parece imposible en un mundo donde todo se transforma en un producto de consumo, la iglesia local tiene la oportunidad única de participar en una de las necesidades más humanas, la vivienda, y al hacerlo, imaginar el nuevo mundo que está por de venir".

Manuel Joshua Lopez, Azusa Pacific University
M.A., Urban Transformational Leadership

"Como proponente de justicia económica y social, recomiendo altamente *Vivienda y justicia: una perspectiva bíblica*. Todos los humanos aspiran ser parte de una comunidad que los valore como semejantes iguales. Una parte sumamente importante de esto es la estabilidad que solo provee tener vivienda de costo accesible. Al cumplirse esta necesidad básica de vivienda, podemos proceder a desarrollar nuestro futuro financiero. Esto es especialmente importante en nuestras comunidades para que las familias puedan crecer y prosperar una vez que se sientan seguros en un medioambiente cómodo y adecuado. Este libro nos sirve como guía para crear una sociedad más justa".

Rose Mary Elizondo
Bachiller en Arquitectura, Yale University

"En los Estados Unidos de América, el país mas poderoso del mundo, hay miles de personas que viven en las calles, sin vivienda, sin poder. Esto es una realidad inaceptable! ¿Adonde se encuentra la voz de la iglesia de Cristo gritando a favor de estos desamparados? Este libro levanta esa voz. Se dedica a educar a la iglesia estaunidense sobre la inmoralidad de esta situación, presentando una perspectiva teológica y bíblica sobre la necesidad de crear viviendas asequibles. Pero el libro va más allá de la educación y presenta casos actuales de Iglesias y organizaciones no lucrativas que han obedecido el mandato de Dios y han creado viviendas para personas de bajos recursos. Estas prácticas iluminan las posibilidades que hay para las Iglesias cuando desean formar parte de la solución".

Grace Roberts Dyrness
Profesora de planificación urbana

"Santa Barbara, California, es reconocida por su afluencia y turismo. Es un bello lugar para visitar y personas de todo el mundo van ahí para vacacionar. Sin embargo vivir ahí es otra historia. Muchas de las personas: madres, padres, maestros, maestras, policías, bomberos y personas de servicio no pueden costear lo que cuesta vivir en el lugar que hacen tan maravilloso para tantos otros debido a la carencia de viviendas costeables. Gracias a esfuerzos de defensa como el propósito de este libro, las cosas han cambiado un poco para mejoría. Aun así ojala hubiéramos tenido un libro como este que Jill a recopilado durante el tiempo que estuvimos luchando a capa y espada por cada espacio disponible para construir vivienda costeable.

Vivienda y justicia se basa en una teoría práctica, arraigada en la historia con herramientas teológicas. Shook nos levanta, inspira y apoya a cada congregación local para ser el centro catalizador de la transformación económica para lograr un cambio global social, financial y espiritual".

13

Felipe E. Agredano, MTS Harvard Divinity School, Presidente del Consejo Escolar (ret.) y Presidente de la Comisión de Relaciones Humanas del Condado de Los Ángeles (Ret.). Teólogo, líder y activista en Los Angeles, CA

"El enfoque teológico en *Vivienda y justicia : una perspectiva bíblica* es muy sólida y universal, aplicable en cualquier lugar. Necesitamos este libro en América Latina".

Carlos Javier Mejía

Empresario, graduado de la Universidad de Harvard, ex presidente de la junta directiva de Young Life Nicaragua, y predicador en la televisión nacional y la radio durante 12 años.

"Jill Shook [es] una abnegada defensora por los derechos de los más pobres".

Rev. Fernando Tamara

Líder bivocacional, bilingüe y bicultural, profesor interdisciplinario, pastor multicultural, organizador de la comunidad, líder de la participación cívica, administrador y director del Centro Jesse Miranda de Liderazgo Hispano .

CAPÍTULO UNO

EL CONTEXTO: LA PRÁCTICA DE VIVIENDA CON JUSTICIA

Escrito por Jill Shook

El acceso a la vivienda se ha convertido en un grave problema, particularmente para los pobres. Hay una gran brecha económica que está creciendo entre los pobres y los ricos a nivel mundial, y la tendencia hacia la urbanización cada vez es mayor, especialmente en América Latina.[1] La buena noticia es que Dios está utilizando a la iglesia como una herramienta importante ante la creciente necesidad de viviendas asequibles.

Escribí el capítulo uno para contextualizar un marco teológico, el cual está delineado en el Capítulo Dos de este libro. Antes de explorar la razón teológica del por qué una iglesia se animaría a desarrollar un ministerio de vivienda asequible, es importante que consideremos en este primer capítulo algunos conceptos, definiciones fundamentales, ejemplos inspiradores y distintos modelos de vivienda los cuales se han puesto en práctica en algunas iglesias en los Estados Unidos (EUA) con el fin de abordar esta urgente necesidad.

¿Alquileres justos, adecuados, asequibles?
¿Cuál es el término apropiado?

Típicamente, la mayoría de países latinoamericanos han adoptado su propia manera de describir un concepto de vivienda donde sus residentes pagan lo que es justo, o lo que está a su alcance. Por ejemplo, Puerto Rico utiliza el término vivienda *asequible*. En México, se utiliza el

---

[1] "Ocho de cada diez personas viven en las grandes ciudades; para 2050, esa cifra podría subir a 90 por ciento." Por otra parte la rápida urbanización continuará ampliando la brecha entre los que tienen y los que no tienen. http://www.ibtimes.com/latin-america-wealth-gap-climbing-despite-progress-against-poverty-un-752885

término vivienda *adecuada*; y en Argentina se dice *alquileres justos*. En otros países es común referirse a ello como *vivienda económica*. En este libro *Vivienda y justicia: una perspectiva bíblica*, vamos a utilizar el término *asequible* teniendo en cuenta que significa que el costo y la calidad de una vivienda son razonables. En los Estados Unidos de América (EUA), el gobierno dice que para que sea asequible, los gastos de vivienda de una familia no deben sobrepasar la tercera parte de su ingreso (esto incluye impuestos a la propiedad, el costo de la renta o la hipoteca, la luz, el agua y el gas).

Vislumbres de lo que las iglesias están haciendo para fomentar las viviendas asequibles

Al principio de la década del 2000, cuando descubrí que muchas iglesias y denominaciones en los EUA estaban construyendo viviendas asequibles, me conmoví profundamente. Sentí el llamado de Dios a escribir un libro que pudiera presentar las distintas maneras en las cuales las iglesias han estado abordando esta necesidad. Mi libro, *Making Housing Happen: Faith Based Affordable Housing Models* (*Haciendo realidad la vivienda: modelos de vivienda asequible basados en la fe*), destaca la participación de algunos autores que se atrevieron a soñar y crear un mundo donde todos pueden adquirir una vivienda e imaginándose en cómo concretar este sueño. Entre los autores de mi libro se encuentran arquitectos, empresarios, pastores, monjas, directores de desarrollo vecinal y organizadores de desarrollo comunitario.

Los dos primeros capítulos de *Haciendo Realidad*, forman la base fundamental del libro. El primer capítulo detalla la crisis inmobiliaria y la historia de las leyes de vivienda en EUA las cuales en algunos casos ha provocado una exacerbada segregación y discriminación de viviendas, especialmente contra las personas de color y de bajos ingresos.

El segundo capítulo, que fue tomado del libro *Haciendo realidad la vivienda* y que ahora tiene en sus manos, ofrece el tema *Vivienda y justicia: una perspectiva bíblica* que se puede aplicar en cualquier sociedad o comunidad.

Los quince capítulos restantes no son parte de este libro. Sin embargo, aquí hay un breve resumen de algunos de ellos. Para comprender la aplicación práctica de esta resurgente teología es importante que usted esté familiarizado con algunos de los modelos de vivienda incorporados en *Haciendo realidad la vivienda*:

- **Equidad con Sudor:** Esta idea utiliza un modelo que se traduce como *ganancia o equidad con sudor* (Sweat Equity).

Esto simplemente quiere decir que los que serán dueños de una casa invertirán horas en la construcción de ella para que sea asequible. Algunas veces los que invierten estas horas son voluntarios de la comunidad, de una iglesia o de una empresa. Básicamente, hay dos modelos de *equidad con sudor*.

Uno se llama *ayuda mutua* y floreció a causa de los cuáqueros, una comunidad religiosa, conocida por su testimonio de paz. Los cuáqueros iniciaron este proyecto al escuchar lo que los trabajadores agrícolas anhelaban más: tener su propia tierra y una casa donde vivir. Entonces los cuáqueros les ayudaron a adquirir todo lo que necesitaban para construir sus casas: préstamos para la compra de tierra y materiales, y también los capacitaron para que ellos construyeran sus casas. Al usar este modelo, los trabajadores agrícolas no sólo construyeron sus casas, sino que también aprendieron nuevas carreras. En el proceso ellos aprendían diversos oficios como carpintería, plomería, e instalación de electricidad. En este modelo de *ayuda mutua*, aproximadamente un grupo de diez o doce familias se reúne y construye sus propias casas—y ninguno de ellos se muda hasta que hayan terminado de construir todas sus casas. Por lo tanto, en este modelo se crea una comunidad. Hoy este modelo, que comenzó con los cuáqueros en el Valle Central de California en la década de 1960, continúa su gestión a través de la organización no lucrativa, "Self-Help Enterprises", la cual ha ayudado a los campesinos inmigrantes a construir más de 5,000 viviendas. Este modelo fue tan exitoso que se ha convertido en parte de la política nacional de préstamos para viviendas en todas las regiónes rurales de EUA.

Proyecto de Habitat de Humanidad in Mexico

El empresario Millard Fuller visitó el Valle Central de California y quedó tan impresionado con Self-Help Enterprises que fundó "Hábitat para la Hum-anidad" (HPH), y él también útil-izo *equidad con sudor* en su modelo. En la construcción HPH está compuesta de futuros propietarios, y además muchos voluntarios de iglesias, empresas, y de la comunidad participan. HPH es muy conocida por tomar en serio el mandamiento de no cobrar intereses a los pobres (Deut. 15) y por eso venden sus casas sin intereses. Según el portal de la red de HPH de El Salvador, su misión es "invita a la gente a construir hogares, comunidades y esperanza, y con ello mostrar el amor de Dios en acción".

El portal de la red de HPH en Argentina explica la razón por la cual existe:

> En el 2008, HPH Argentina encargó un estudio interdisciplinario que identificó como crítica la situación de muchas familias que viven en conventillos, inquilinatos y hoteles pensión, y que pagan un alquiler a valor de mercado pero por un lugar en condiciones inadecuadas.
>
> Cuestiones como el hacinamiento, el riesgo estructural y los efectos en la salud, especialmente de niños y ancianos, son alarmantes en esta tipología de vivienda. En consecuencia, la situación del alquiler informal termina siendo explosiva [*sic*]. Las razones que obligan a familias a vivir en estos lugares son los requisitos para alquilar en las grandes ciudades del país, que incluye una propiedad en la ciudad como garantía que es algo que las familias de más bajos ingresos no poseen.
>
> El proyecto Alquileres Tutelados se creó con el objetivo de ofrecer una solución para familias que hoy viven en esta situación, atendiendo así la problemática habitacional en el contexto urbano.

En varios de los capítulos de *Haciendo realidad*, los autores hablan de su propia transformación. En el caso de HPH, Fuller, quien fundó la organización, explica cómo su esposa ya no estaba dispuesta a vivir con un marido adicto al trabajo, casado con su riqueza. Al igual que Zaqueo del pasaje bíblico de Lucas 19: 1-10, Fuller vendió todo para salvar su matrimonio y comenzar Hábitat para la Humanidad. Hoy HPH tiene varias sedes en todas partes del mundo. Hasta en el año 2013, habían servido a más de 124,946 familias.

- **Cooperativa de vivienda:** Una iglesia episcopal en Detroit, Michigan (USA) extendió sus manos a las familias de un edificio de apartamentos que se incendió, el cual se hallaba en frente de la iglesia. Esta ocurrencia llevó a la iglesia, junto con los que habían perdido sus hogares, a la idea de fundar una cooperativa de vivienda.

  Hay dos tipos de viviendas cooperativas: aquellas cuyas unidades están diseñadas para ser vendidos a precio de mercado, y los destinados a crear asequibilidad, llamada *cooperativa de capital limitado*.[2] La idea es que todos juntos sean dueños del edificio, mientras que cada dueño viva en su propio apartamento. Al momento de mudarse, ellos deben vender su parte o *share* con ganancia limitada. Es decir, no venderlo al valor del mercado sino a un precio accesible para los futuros dueños que califiquen por ser de bajos recursos. De esta manera se demuestra que todos comparten las cosas entre sí. (*Hechos* 4:32). Hay milles de cooperativas en el mundo.

- **Comunidad co-vivienda**: Una iglesia presbiteriana en Oakland, California (EUA), inició la creación de una comunidad *co-vivienda*. Este es un modelo danés donde ciertas casas pequeñas rodean a una "casa mayor y común" donde comparten sus vidas juntas. Como parte de su alcance comunitario, esta iglesia quería tener presencia en un área de bajos recursos en Oakland. Por tal motivo, la idea que germinó trajo consigo la creación de una comunidad de cristianos comprometidos a vivir y demostrar su fe, amar a sus semejantes, y al mismo tiempo preservar al medio ambiente. En este modelo

Comunidad co-vivienda en Oakland, California

---

[2] Vease http://www.coomeva.com.co/publicaciones.php?id=34996

los que tienen la intención de vivir juntos forman un comité y juntamente planean el desarrollo de su proyecto desde su génesis: la búsqueda y compra del terreno, la elección de un arquitecto capaz que diseñe los planos y haga realidad sus sueños, etc.

Hay muchas comunidades de co-vivienda por todo EUA. La comunidad co-vivienda en Oakland, la cual destaca en *Haciendo realidad la vivienda*, deseaba que todos los edificios y todos los espacios alrededor de las casas vengan a ser una demostración de respeto y preservación a la creación y al medio ambiente. Por ejemplo, la comunidad convirtió un carro viejo y lo hizo funcionar con energía solar. Para ello, las baterías fueron trasladadas adonde anteriormente estaba localizado el motor; el lugar que se usaba para vertir gasolina se ha convertido en el enchufle del cable eléctrico. Este mismo cable ahora transmite la energía que sale del techo del garaje donde se hallan los paneles solares. Por causa de esta tecnología avanzada y al poseer un automóvil en común, ya no fue necesario tener tantos espacios de estacionamientos, lo cual representa uno de los costos más altos en un complejo habitacional. Ya que el coordinador principal de este proyecto y su familia eran de bajos recursos, ellos no pudieron calificar para un préstamo de banco. Es por eso que ellos contrataron a HPH para que su casa sea asequible.

Casa en el estilo de Nueva Inglaterra construida por H.O.M.E.

- **Fideicomisos de tierras comunitarias:** Una organización católica que se llama H.O.M.E. (Home-workers Organized for More Employment – Tabajadores de la casa organi-zados para más empleo) en el estado de Maine, EUA, envió personas sin hogar en autobuses rentados con el fin de que relataran sus historias a func-ionarios políticos del congreso en la capital estatal. Esto permitió la creación de una nueva ley para así

Voluntarios de H.O.M.E.

convertirlos en propietarios de una vivienda digna, mientras que la posesión de la tierra se quedaba en manos de las organizaciones sin fines de lucro. El separar la posesión de la casa de la posesión de la tierra en sí permitió que gente de bajos recursos pueda por fin lograr a comprar una vivienda. En inglés, este modelo se llama *Community Land Trusts (CLT)*, que se puede traducir como *fideicomisos de tierras comunitarias* (FTC). Las casas de un FTC mantienen siempre un valor y precio asequible. Semejante al modelo de las cooperativas, este también utiliza una fórmula de reventa de ganancia o capital limitado. Los *contratos de arrendamiento de terrenos* son por un mínimo de cien años con el entendimiento que será renovado. En el caso de H.O.M.E., las personas desamparadas que permanecieron en sus refugios recibieron entrenamiento en carpintería y en la construcción. Por ejemplo, ellos construyeron "puertas cristianas" donde las cuatro partes de la puerta forman una cruz en el centro. La buena nueva es que algunos des-amparados que antes promovieron la ley que legalizaba FTC por todo el estado ahora son dueños de sus propias casas. ¡Una familia se mudó de su carro para luego vivir en su propia casa que ellos mismos construyeron! Ahora hay más de doscientas comunidades de 'fideicomisos de tierras comunitarias' a lo largo de los Estados Unidos.

- **Reutilización Adaptativa**: Un pastor presbiteriano y un sacerdote episcopal imaginaron la creación de viviendas asequibles en una prisión abandonada de Atlanta, Georgia, la cual a mediados de

Una prisión abandonada que ahora es vivienda asequible y se llama "Glen Castle"

1800 se había sido construida con muros de hormigón armado de cinco metros de espesor y la que no podía ser derribada. En este lugar abandonado, convocaron a los mejores arquitectos, que típicamente hubieran competido, y los desafiaron a emprender este proyecto. En un lapso de cuatro años, junto con el apoyo de iglesias y de la comunidad, lo tenían planeado, financiado y construido. Este modelo se llama *reutilización adaptativa*.

  Una iglesia luterana en Chicago, Illinois, compró un hospital deteriorado en su barrio y lo convirtió en una vivienda asequible. Este proyecto ha sido distinguido con diversos galardones. Esa misma congregación hipotecó el edificio de su iglesia en cinco ocasiones distintas para comprar edificios de apartamentos, sacarlos del mercado especulativo, y hacerlos asequibles. Como vemos, esta iglesia tenía un compromiso con la preservación y protección de su vecindario y de su congregación.

- **Inquilinos tomando la propiedad:** Inmigrantes hispanos residentes de un edificio sumamente deteriorado en el centro de Los Ángeles fueron inspirados durante su estudio bíblico, y decidieron presenter una demanda al propietario por negligencia del edificio. Al igual que la viuda persistente en Lucas 18 quien gano lo que necesitaba de un juez injusto, los inquilinos finalmente ganaron y el propietario decidió darles el terreno y el edificio. El fallo judicial fue a su favor y se asociaron con la ciudad de Los Ángeles para restaurarlo, convirtiéndolo en un homenaje a la belleza de Dios. El cambio de ser inquilinos a propietarios ha infundido en ellos tanto orgullo en ellos que hasta los niños que antes aspiraban a ser miembros de pandillas, ahora son graduados universitarios.

Comunidad Cambria antes y después que los inquilinos lo ganaron

- **Dueños compartiendo sus recursos:** Ralph y Cheryl Broetje comenzaron una huerta de manzanas en el este del estado de Washington. Con más de mil empleados, era difícil para ellos conseguir buenas viviendas. Muchos de sus empleados, los cuales eran inmigrantes de Latinoamérica, vivían en casas infestadas de ratas y, por su condición de ser indocumentados, sentían que no tenían derecho de confrontar a sus

Trabajadora de Broetje Farm

La capilla en Broetje Farm

propietarios. Pore so, los Broetje tomaron cinco millones de dólares de las ganancias de su empresa y construyeron 150 viviendas unifamiliares y las hicieron asequibles. Hoy en día muchos de estos trabajadores han ahorrado suficiente dinero para comprar sus propias casas.

- **Estrategia de Vivienda Nehemías:** Treinta congregaciones en el barrio de South Bronx, Nueva York, dieron a luz la "Estrategia de Vivienda Nehemías". Este barrio devastado por las drogas, las pandillas, incendios y violencia, parecía no tener cura. Sin embargo, el South Bronx fue transformado por medio de estas congregaciones valientes que se atrevieron a creer en un mundo diferente. Esta coalición de iglesias

Las casas antes y después del Strategia de Nehemías

forjó una iniciativa para construir mil viviendas en un lugar tan malo que ni siquiera la policía se atrevía a entrar. Tal como Jeremías fue guiado por el Espíritu Santo a comprar un pedazo de tierra en Jerusalén, una ciudad devastada, en un tiempo cuando todo el mundo estaba huyendo de una ocupación extranjera (Jeremías 32), las congregaciones de South Bronx también invirtieron en su comunidad. De esas mil viviendas construidas por medio de las iglesias y vendidas a familias de bajo recursos, ninguna fue ejecutada, incluso durante la crisis hipotecaria de 2008 que afectó a la economía mundial. ¿Por qué? Porque las iglesias recaudaron suficiente dinero para crear su propio banco y desarrollaron un fondo de préstamos renovables y porque prepararon a cada familia para el éxito. Cada familia compró una casa diseñada para dos familias. Así podían alquilar la segunda casa para compensar los pagos de la hipoteca. Este modelo le dio fuerza a la comunidad para romper el ciclo de la pobreza, refutó los estereotipos negativos asignados por la prensa y visto en tantas películas y libros escritos acerca de South Bronx. Convirtieron cenizas en belleza. Organizaron a miles de miembros de las iglesias para pedir a la ciudad las propiedades quemadas; entablaron un diálogo con los líderes de Nueva York con el amor y el poder de Dios. Organizaron entre sí tanto la tierra como el dinero, los recursos humanos, e incluso reescribieron varias leyes. Como resultado de este proceso se transformaron sus congregaciones y sus comunidades. Sarah Plowden, dueña de una casa, dijo: "Nosotros más que solamente casas compradas, nos adquirimos los unos a los otros como un pueblo". (MMH, p. 208)

Al escribir y editar *Haciendo realidad*, yo mismo también fui transformada, especialmente por medio del capítulo acerca de la transformación del South Bronx y en cómo ellos reorganizaron su comunidad. En mí resucitó la esperanza y una comprensión más profunda de la intención divina de redimir a las personas, las ciudades, las leyes y la misma tierra. Como resultado empecé a cambiar el enfoque de mi propio ministerio.[3] Estoy agradecida a mi agencia misionera por permitirme reescribir la descripción de trabajo del puesto después de darme cuenta del potencial que la iglesia tiene para transformar a las comunidades. Después de ser ministra de campus en varias universidades de los EUA, y una trabajadora de desarrollar[4] comunidades en México con La Fundación contra el Hambre, ahora soy considerada una *catalizadora*, ya que trabajo con congregaciones para abordar temas de justicia social. Animo a las iglesias a proveer espacio en sus edificios para las personas que no tienen hogar a través de una organización que se llama Familia Promesa.[5] También mi esposo Antonio y yo animamos a los que tienen casas a compartirlas con los que no tienen, tal como lo hicimos por un amigo sin

---

[3] He sido misionera desde que me gradué de Cal Poly San Luis Obispo en 1976.

[4] Trabajadores de desarrollo comunitario ayudan a las comunidades para lograr un cambio social y mejorar la calidad de vida en su área local.

[5] Promesa Familiar actualmente opera en 41 estados en EEUU (el Distrito de Columbia, en las grandes ciudades, suburbios y condados rurales). Moviliza recursos de la comunidad: las casas de culto para hospedaje, congregaciones para los voluntarios, agencias de servicios sociales para la evaluación y referencias, y los servicios del día existentes para los programas del Centro de Recursos de Promesa Familiar. Esta estrategia permite que a las redes ayuden a las familias sin hogar a lograr la independencia duradera con el costo de a una tercera de los refugios tradicionales.

hogar en una pequeña casita que construimos en nuestro patio trasero.

Cada persona y cada iglesia tiene un papel significativo para albergar a nuestras comunidades. Tenemos la teología explicada en este libro como también los ejemplos de las iglesias y ejemplos de la Biblia. El capítulo final de *Haciendo realidad* provee el ejemplo bíblico de como comenzar ese tipo de ministerio. El enfoque es Nehemías: un organizador de gente derrotada, un influyente líder de una comunidad desesperada, y un defensor de una comunidad que había perdido su protección debido a sus murallas destruidas. Los nobles de la ciudad y los oficiales municipales le estaban quitando al pueblo sus tierras y sus casas, y aun vendían sus niños en esclavitud. Nosotros deberíamos albergar a personas sin hogar en nuestras casas e iglesias, y además rescatar los hogares de las prácticas bancarias corruptas, como lo he hecho para dos familias en Pasadena. Pero en el caso de Nehemías, él nos enseña a como ampliar nuestros ministerios para proteger y albergar a todas las víctimas de la opresión de una ciudad, de la misma manera que él lo implementó en Jerusalén. Con el poder de Dios podemos cambiar sistemas injustos para que se regresen casas y tierras a las víctimas de la opresión.

Cada modelo en *Haciendo realidad* es único. Cada uno está guiado por el Espíritu y está corroborado por un evangelio que es lo suficientemente grande como para abarcar lo que el Dr. Ray Bakke llama "una teología tan grande como una ciudad". Tuve el privilegio de estudiar bajo el liderazgo del Dr. Bakke (autor del libro: *Theology as Big as a City*, así como también de *The Urban Christian*) con el fin de obtener mi "Doctorado en Ministerio" con la especialidad en "Liderazgo transformativo para la ciudad global". También he tenido la dicha de estudiar bajo la catedra del Dr. Vernon Grounds durante mis estudios de maestría en el Seminario de Denver. En esta escuela, profundamente comprometida con los fundamentales bíblicos, y bajo la tutela del Dr. Grounds, se ofrecieron clases que me permitieron enamorarme más profundamente de un Jesús radical y revolucionario. ¡Él es la Buena Nueva que puede cambiar y en efecto cambia nuestro mundo! Tomé los cursos enseñados por el Dr. Grounds sobre diversas teologías de la liberación, teorías de guerra (incluyendo el pacifismo) y "las emociones y el evangelio". Esto puso en marcha una formación continua que siempre está transformando mi alma a la semejanza de Cristo y está también ayudándome a remodelar el alma de mi vecindario, ciudad, estado y nuestro mundo de acuerdo a las intenciones de Dios hacia la paz y justicia.

.

Los autores del Capítulo Dos

El Capítulo Dos de este libro, *Vivienda y justicia: una perspectiva bíblica*, fue escrito en el año 2006 en forma colectiva por Bert Newton, Ed Mahoney, Lowell Noble y yo.

Bert Newton

Conocí a **Bert Newton** en la red de iglesias de Pasadena, donde ambos vivimos. Él era un pastor de la Iglesia Menonita local y fundó la Villa Urbana que es una comunidad cristiana intencional donde la mayoría de los miembros decidieron vivir en la misma calle. Esta comunidad sea grupa semanalmente para comer juntos y para conversar sobre las diferentes maneras de vivir un evangelio radical a través de sus estilos de vida y aspectos de una economía compartida. Bert se graduó del Seminario Teológico de Fuller y es empleado de Pacific Clinics, donde él busca proveer soluciones de vivienda para una población desamparada que difícilmente puede obtener un hogar. Bert también es autor de *Subversive Wisdom: the Sociopolitical Dimensions of John's Gospel* (*Sabiduría subversiva: Las dimensiones sociopolíticas del evangelio de Juan*) y también es fundador del Palm Sunday Peace Parade ("Desfile de la Paz del Domingo de Resurrección"), donde las iglesias se reúnen para celebrar un desfile familiar donde los niños montan en burros como María y José, and todos serpentean ramas de palmas que honren a Jesús como el Príncipe de Paz, y al mismo tiempo sostienen pancartas con mensajes de paz. Fue en este desfile donde conocí a Antonio Manousos en 2011. Después de tres semanas Antonio me propuso matrimonio y ¡yo le dije que sí!

Ed Mahoney

Conocí a Ed Mahoney cuando yo era la directora de STARS— (**S**tudents and **T**utors **A**chieving **R**eal **S**uccess —que en español se traduce como *Estudiantes y Tutores Alcanzando el Éxito Verdadero*)—un programa extracurricular que tuve la dicha de fundar con la ayuda de otras personas de la iglesia de Lake Avenue. STARS provee ayuda con las tareas escolares a estudiantes de familias de bajos recursos. STARS fue diseñado para conectar los casi cinco mil miembros de esta iglesia que en su mayoría son personas de ascendencia europea, de altos ingresos y con formación académica con su vecindario muy diferente que ellos, los cuales que en su mayoría son hispanos con poca educación y de bajos recursos. Ed desempeñó un papel significativo en este programa. Él fue tutor de estudiantes y dirigió un poderoso retiro acerca del perdón de Cristo en un campamento para los estudiantes de STARS. Él trabaja para una organización sin fines de lucro, que se llama *Hillsides* que se dedicada en servir a jóvenes de muy alto riesgo.

Lowell Noble y el Dr. John Perkins

El Dr. John Perkins

Conocí a **Lowell Noble** a través de nuestro mentor, el **Dr. John Perkins**, quien ha influido poderosamente en la vida de él, tanto como en la mía.

Antes de contarles un poco acerca de Lowell, es necesario que conozcan algo sobre el Dr. Perkins, un afroamericano del Sur en el estado norteamericano de Mississippi, conocida por su discriminación racial. La madre del Dr. Perkins falleció de desnutrición cuando él tenía apenas siete meses. Ésto, como es de imaginar, lo afectó sobremanera. Siempre sintió que le había robado el alimento a su madre por haber sido amantado.

Luego, después de haber sido criado por su abuela en pobreza extrema, y después de que su hermano fuera asesinado en un incidente racial cuando regresó de la guerra, Perkins se convirtió en un joven furioso y amargado. Se trasladó a Pasadena, California, donde encontró más igualdad racial y un trabajo bien remunerado. Conoció y se entregó a Cristo en una iglesia multiétnica, donde blancos y negros alababan juntos, algo que nunca había visto en el Sur. Después de predicar en las cárceles donde escuchó a jóvenes con su mismo acento de Mississippi, sintió un llamado a regresar a su estado natal. Allí descubrió la manera de cómo evitar que los niños abandonen sus comunidades de origen y terminen en cárceles a lo largo del país. Se requiere un liderazgo autóctono y comprometido que tenga la capacidad de inciar los cambios para transformar un sistema de opresión en un sistema de justicia. Cuando él comenzó clubes bíblicos, los niños no podían concentrarse por la falta de nutrición, por eso inició cooperativos de alimentos. Pronto siguieron cooperativas médicas y de vivienda. Este fue el nacimiento del movimiento de desarrollo comunitario con bases cristianas.

Dr. Perkins continuó a descubrir en su ministerio lo que se necesita para redimir y entretejer la sociedad. Fue así que desarrolló las **tres "erres"**—**Reubicación:** mudarse a vivir en una comunidad vulnerable y de bajo recursos para aprender a ser como Cristo y amar al prójimo. En esta manera seguimos a Jesús, quien descendió del cielo para habitar entre nosotros (Juan 1:14). Desde su nacimiento Jesús se identificó con los pobres, nacido en un pesebre y llegó a ser un refugiado sin hogar. La segunda erre—**Reconciliación:** restaurar las relaciones con Dios, los unos

con los otros, derribando barreras raciales y económicas. Y la tercera—
Redistribución: Descubrir formas para generar mayor igualdad de acceso a los recursos de la creación de Dios, por ejemplo, por medio de mantener el dinero en circulación dentro de una comunidad, como se explicará más detalladamente en este libro. Despues vivir en el Sur, Dr. Perkins se trasladó a vivir a Pasadena, California, para comenzar el "Centro Harambee" para probar estos mismos tres principios en un contexto urbano. Durante ese tiempo yo tuve el privilegio de vivir y aprender de él y de su esposa Vera Mae. Con estas ideas radicales y profundamente bíblicas, al Dr. John Perkins, a pesar de tener sólo un tercer grado de educación primaria, se le han otorgado numerosos doctorados Honoris Causa, ha escrito nueve libros y es un orador de renombre internacional. Él también es fundador, junto con el pastor Wayne Gordon de la Asociación de Desarrollo de la Comunidad Cristiana (*CCDA—Christian Community Development Association*) donde cuatro mil personas se reúnen cada año para aprender a cómo aplicar en la vida real estas tres erres. Él ha ganado al corazón de muchísimas personas que lo consideran como su mentor, como por ejemplo Lowell Noble, quien ha escrito mucho acerca de su vida y ministerio.

> "El justo está atento a la causa de los pobres; el malvado no entiende que eso es sabiduría." **Proverbios 29:7** (*R-V 1995*)

Después de recibir su Maestría en religión de la Universidad de Seattle Pacific, una Maestría del Seminario Hartford, y una Maestría en antropología de Colegio Universitario de Wheaton, **Lowell Noble** fue llamado a servir como misionero en los Apalaches, una de las zonas rurales más pobres de los EUA. Recibió un Grado de Especialista en Artes en 1975, y luego enseñó sociología y antropología en la Universidad de Spring Arbor. Durante seis meses al año él y su esposa Dixie sirvieron como directores de capacitación del Centro Spencer Perkins en la Comunidad de Antioquía en Jackson, Mississippi, en colaboración con el Dr. John Perkins. Lowell es autor de *From Oppression to Jubilee Justice (2007)* [*De la opresión a la justicia jubilar*] y representó un papel clave en escribir el Capítulo Dos en este libro. Estoy profundamente en deuda con Lowell por su ejemplo, su amistad, su compromiso inquebrantable por la justicia, y su papel importante en dar forma a este poderoso capítulo.

Reconocimientos y mi propio camino de *hacer realidad la vivienda*

Estoy interesada no solamente en el desarrollo de vivienda asequible sino también en las razones de porqué las personas no tienen hogar. Mi mentor el Dr. Ray Bakke dijo, "Muy a menudo nuestros proyectos de alcance es capturar cuerpos que caen de la cascada, pero no vamos arriba para ver lo que está causando esa situación para evitarlo". Por medio de investigaciones, he descubierto que muchas de las personas desamparadas tienen trabajo, pero no ganan lo suficiente para pagar el alto costo de vivienda. Según la conferencia de alcaldes, una de las causas primordiales por las que hay desamparados es por la falta de vivienda asequible. Ahora más de mí tiempo se dedica a la formación de coaliciones para aprobar medidas y leyes que aumenten el número de unidades asequibles, por ejemplo, con nuestra ordenanza local de *Viviendas Inclusivas*. Esta ordenanza ha producido más de 480 unidades para las personas en la categoría de bajos ingresos. Explicaré acerca de esto más adelante.

El 10 de septiembre de 2011 me casé con Anthony Manousos, un cuáquero[6] activista por la paz, quien ama a Jesús y admira profundamente mi trabajo como defensora de justicia de la vivienda. De hecho, poco después de que nos casamos, la primera colaboración entre nosotros fue la revisión de *Haciendo realidad la vivienda*. Admiro la hermosa vocación de Anthony para prevenir la guerra. Los cuáqueros tienen una larga tradición de practicar lo que significa "amar a nuestros enemigos". (Mateo 5:44). Anthony siempre dice que la mejor manera de acabar con la guerra es hacer que nuestros enemigos sean nuestros amigos. Ambos

Jill Shook y su marito Anthony Manousos

somos visionarios que tenemos la audacia de tomar en serio a Jesús, creyendo como la iglesia primitiva, que hoy en día es posible crear comunidades donde "no hay entre ellos ningún necesitado" (Deut. 15 y *Hechos* 4:32-35). Cada capítulo de *Haciendo realidad* muestra con ejemplos concretos y prácticos las distintas maneras de crear dichas comunidades.

---

[6] Cuáqueros son una rama de los cristianos conocidos por su testimonio de la paz, ya que se han opuesto a la guerra durante sus 350 años de historia.

Doy gracias a Dios que este libro ha encontrado su camino en cursos de seminarios teológicos como un libro de texto, y entre las iglesias y organizaciones sin fines de lucro como guías de estudio. ¡Incluso un joven de dieciséis años lo leyó de tapa a tapa y fue inspirado!

Yo he tenido el gozo y privilegio de vivir en México y trabajar con "La Fundación Contra el Hambre". Nosotros hicimos una labor de desarrollo comunitario y levantamos una escuela vocacional secundaria. También he viajado y dirigido/impartido cursos de talleres por muchos países latinoamericanos: Argentina, Bolivia, Ecuador, El Salvador, Guatemala, Honduras, Nicaragua, Paraguay, y Perú. Muchos pastores y líderes de ascendencia hispana que leyeron *Haciendo realidad* en inglés, me preguntaron si yo podía traducirlo al español. Algunos estaban tan entusiasmados con este proyecto que ayudaron en la traducción. Doy gracias profundamente a Patricia Guzmán, Grecia Reyes, Manuel Joshua López; mi vecino, el profesor Kent Dickson; Rose Mary Elizondo, Yolanda Barquera, Gustavo Zdanovich, y Fernando Tamara. Fue un gran placer trabajar junto con Fernando quien es un profesor, pastor, y organizador de pastores e iglesias; él me animó mucho durante las numerosas horas de traducir este escrito. Mi marido, quien tiene un doctorado en la literatura británica y ha publicado numerosos libros, ofreció publicar este libro para compartirlo con los líderes latinoamericanos, incluso dentro del pueblo cuáquero. ¡Gracias, Antonio, por tu labor de amor y las muchas horas de tu ayuda!

Estoy adeudada con CCDA por su apoyo y su compromiso en tomar seriamente el mandamiento más importante en la Escritura:

> "El que cierra su oído al clamor del pobre, también él clamará y no recibirá respuesta.." *Proverbios* **21:13**

"Amarás al Señor tu Dios con todo tu corazón, y con toda tu alma, y con todas tus fuerzas, y con toda tu mente; y a tu prójimo como a ti mismo" (Lucas 10:27, RVG). Si amamos a nuestro prójimo como a nosotros mismos, desearemos que ellos tengan lo que nosotros disfrutamos: una vivienda digna que puedan pagar. Sin embargo, cuando me mudé a un barrio de bajos ingresos en Pasadena, California, en 1994, sin darme cuenta, me convertí en parte del problema. Tan pronto como mejoré mi casa, los valores de mi propiedad aumentaron, y algunos de mis vecinos ya no podrían pagar su renta. Por lo tanto me convertí en una persona aún más comprometida para retener una comunidad, racialmente y económicamente diversa a través del suministro de viviendas asequibles, como una forma de demostrar el amor por mis vecinos de bajos ingresos.

Esta dedicación me ha dado una variedad de oportunidades: influir a líderes elegidos localmente y nacionalmente, dar talleres y pláticas en numerosas conferencias; desarrollar cursos y ser profesora de estudiantes a nivel doctorado, y coordinar eventos y acciones a nivel local y nacional. Hay tres ejemplos que quisiera compartir con ustedes.

Primero, en el 2001, tuve la dicha de ayudar en una campaña con el fin de crear y pasar una ordenanza local para la ciudad de Pasadena que se llama IZ (Inclusionary Zoning) que se traduce en español como *zonificación inclusiva,* que es semejante al diezmo bíblico. Esta ley requiere que todos los desarrolladores de casas destinen un porcentaje de unidades para que sea asequible. Esta ley sirve para distribuir las viviendas asequibles por toda la ciudad mezclarlas con las viviendas para gente de altos ingresos. Estas unidades son iguales en calidad y tamaño a las unidades del precio del mercado. Esto es "crecimiento inteligente" en su máxima expresión, el cual no sólo sirve para albergar a personas con puestos de trabajo con salarios más bajos, sino también para romper las barreras entre los ricos y los pobres como dice el apóstol Pablo (Gál. 3:28, Ef. 2:14-16.). Esto es lo opuesto a la segregación y la exclusión.

Al escuchar lo que el pueblo de Pasadena quería, decidimos promover esta ordenanza de *zonificación inclusiva* de tal manera que el 20% de todas las viviendas nuevas de los complejos que tenían diez o más apartamentos o casas, serian asequibles para las personas de *muy bajos ingresos*, de *bajos ingresos*, y para aquellos de *ingresos medios.* Cientos de pastores, miembros de las iglesias, y la comunidad llenaron la cámara de consejo de la ciudad y contaron sus historias de cómo no podían pagar alquileres tan altos a pesar de que ellos mismos trabajaban y habían nacido en Pasadena. Después de que los líderes del concilio oyeron a la comunidad, ellos deliberaron entre sí, y votaron que solamente un 15% sería destinado como unidades asequibles. Como mencioné antes, tan solo esta ley ha producido aproximadamente 480 unidades.[7]

Cerca de cinco años después de que esta ley pasara, leí en el periódico que una compañía que desarrollaba viviendas había sometido una propuesta de construir 800 unidades en Pasadena. Llamé a un representante de la compañía para animarle y convincerle que incluyerá las unidades asequibles en vez de construir dichas unidades en otra localidad o de pagar una cuota. Gracias a Dios, con un poco de ánimo y oración, decidieron proveer mucho más de la cantidad requerida del 15%. ¡Se proveería 20% y todas las unidades para personas de muy, pero *muy*

---

[7] Hay una ley del estado de California que permite que los que construyan viviendas puedan sobrepasar la densidad o el número de unidades permitidas localmente si proveen un porcentaje de unidades para personas de bajos recursos. Por eso, es posible que ésta ordenanza de IZ tenga éxito económicamente.

bajos ingresos!

Segundo, me tocó unos años más tarde asistir a un evento competitivo donde jóvenes presentaban ensayos escritos conmemorando al líder Martin Luther King Jr. Escuché a Natalie Brown, una niña de apenas 11 años leer su ensayo que fue premiado en este evento. Su temas se trataba sobre Martin Luther King, Jr., y en cómo poner fin a la crisis de los desamparados en los Estados Unidos. Me quedé asombrada por su pasión e inteligencia. Me acerqué a ella y le pregunté si estaría dispuesta a compartir su discurso al Concilio de la Ciudad local. Después de recibir el permiso de parte de sus padres, aceptó hacerlo. Ella y su familia son miembros de una iglesia nazarena muy famosa en Pasadena. Cuando se presentó frente al Concilio, les pidió también que se formara una Comisión de Vivienda con el fin de tener un grupo de ciudadanos dedicados a enfrentar la crisis de vivienda. Su familia y varios pastores estuvieron presentes para apoyarla. El concilio de la ciudad, al igual que yo, nos quedamos asombrados al oírla, especialmente cuando ofrecía donar los $250 de premio por su ensayo para así comenzar dicha comisión. La falta de dinero fue una de las excusas dadas por algunos miembros del Concilio de la Ciudad para no crear una comisión. Después, uno de los miembros del concilio preguntó a los otros líderes elegidos, "¿Por qué tiene que ser una niña de 11 años la que nos diga lo que nosotros deberíamos estar haciendo?"

Tercero, por muchos años Dios ha cultivado en mi corazón las siguientes ideas: la necesidad de retener los mejores maestros en nuestras escuelas públicas para enseñar a nuestros niños de bajo recursos y así romper el ciclo de pobreza. También la idea de animar a los maestros a que permanezcan en el distrito por medio de la utilización de terrenos públicos y que sean ofrecidos como viviendas asequibles. En mi distrito escolar local se han cerrado varias escuelas por falta de estudiantes. En un tiempo habían sesenta y nueve escuelas; hasta hoy hay veintisiete. Debido al aumento del costo de casas, muchas familias, especialmente las de bajos recursos que típicamente van a escuelas públicas, han tenido que mudarse a otras áreas donde la renta es más accesible. Ni los maestros logran calificar para préstamos bancarios.

Para enfrentar esta necesidad, estoy organizando un grupo que está estudiando la posibilidad de construir viviendas de costo *moderado* sobre los terrenos sobrantes del distrito. En este modelo estamos considerando utilizar *contratos de arrendamiento de terrenos* de largo plazo, *semejante al modelo* Fideicomiso de Terrenos Comunitarios. Pero en este caso, el distrito escolar conservará la posesión de sus tierras. Los contractos de arrendamiento pueden ser estructurados de tal manera que cuando los empleados del distrito vendan una vivienda más adelante se lograra una ganancia para el distrito y una ganancia limitada para los dueños de viviendas. Según este modelo, las viviendas podrán mantenerse asequibles para los dueños en el futuro. Esto es similar a las leyes del uso del terreno en Levíticos 25, las cuales mantienen el terreno con ganancia limitada después de 49 años considerando que Dios últimamente es el dueño y proveedor. Este modelo ha sido usado exitosamente en propiedades de universidades como Westmont, Harvard, e Irvine.

Esta pasión por la vivienda económica me ha dado oportunidades a un nivel nacional por la cual estoy agradecida a Dios. En 2014, junto a un equipo de líderes cristianos de varias partes de EUA, coordinamos un simposio sobre la vivienda asequible para una conferencia nacional de Christian Community Development Association (CCDA). También organizamos un plan de acción ("Action Tank") donde junto a pastores y directores de organizaciones no lucrativas estudiamos una lista de cincuenta iniciativas prácticas de cómo llevar a cabo viviendas asequibles en nuestras comunidades. Escogimos aquellas iniciativas que serían las más apropiadas para nuestros vecindarios en EUA.

Hay muchas razones por la cual yo he estado inspirada para practicar esta teología de vivienda y tierra, y el por qué de editar y publicar el libro *Haciendo realidad la vivienda* y ahora traducir un capítulo importante de este libro de la cual forma el Capítulo Dos de dicho libro, *Vivienda y justicia: una perspectiva bíblica*. Pero unas de las razones principales fue mi amor hacia los niños y jóvenes. Con mis propios ojos he visto cómo la vivienda asequible trajo estabilidad a las familias de los jóvenes inscritos en el programa STARS. Ellos finalmente se graduaron de la escuela secundaria después de haberse mudado a un complejo muy bien administrado de viviendas asequibles, el cual se llama *Jardín Ágape*. Allí vive un pastor de ascendencia hispana con su esposa. Ellos operan allí un laboratorio de computación, oran por los residentes, y actúan como los pastores de la comunidad. Aunque está ubicado en un barrio peligroso, los residentes se sienten tan seguros que hasta las puertas del patio interior a menudo se dejan abiertas, y los padres se toman turnos para cuidar a sus niños cuando juegan en la piscina. La confianza y el sentido de comunidad han fomentado la creación de una gran transformación en este lugar, donde antes había prostitución y adicción a las drogas. Allí, los residentes no pagan más de un tercio de sus ingresos en gastos de vivienda. Esto permite que trabajen menos horas y así tengan más tiempo para sus hijos y vecinos. Por otra parte, han nacido varias iglesias en el salón comunitario del Jardín Ágape. Este es el tipo de modelo que necesita ser replicado. Esta es una teología viviente.

Necesitamos este tipo de teología práctica que construye puentes entre personas de diversas perspectivas teológicas y políticas, para que se unifiquen no solo en un terreno común sino también en un terreno más alto de las enseñanzas radicales de Jesús. Espero que este libro llegue a unir a un espectro amplio de cristianos: cuáqueros no-programados y amigos evangélicos, pentecostales y aquellos que prefieren una liturgia más formal o más contemplativa y a los que alaban a Dios con voz alta y jubilosa.

Espero que este libro nos ayude a todos nosotros a inclinarnos aún más profundamente delante de Aquel que hizo la tierra, el fruto de la tierra y toda su abundancia. Que en este camino encontremos mucho gozo mientras estemos compartiendo y administrando la tierra con respecto, amor, y justicia.

Como dijo Jesús: "El Espíritu del Señor está sobre mí, por cuanto me ha ungido para anunciar buenas nuevas a los pobres…y a pregonar el año del favor del Señor". No tenemos que esperar el año del Jubileo cuando la tierra se redistribuía cada cuarenta y nueve años. Podemos practicar el Jubileo ahora. Cada vez que sacamos viviendas del mercado especulativo y las ponemos a disposición de aquellos que no ganan lo suficiente para pagar una casa, practiquemos el Jubileo.

CAPÍTULO DOS

VIVIENDA Y JUSTICIA: UNA PERSPECTIVA BÍBLICA

Escrito por Lowell Noble
con Ed Mahoney, Bert Newton y Jill Shook

Al doctor John Perkins, un afroamericano pobre y sin tierra, nacido y criado en Mississippi, le gusta decir lo siguiente:

Si se le regala a una persona hambrienta un pescado, comerá por un día. Si se le enseña a pescar, comerá toda la vida. ¡Eso no es cierto! La verdadera pregunta debe ser: ¿Quién es el dueño del lago?

Regalarle un pescado a una persona equivale a caridad. Enseñarle a pescar a una persona enfatiza las destrezas de su trabajo. Pero si el que pesca no es el dueño del lago entonces se le puede negar el derecho a pescar en el lago. Cuando era joven, Perkins recuerda haber hecho un trabajo agotador durante todo el día para un señor que quería pagarle cincuenta centavos. Perkins quería rechazarlo, pero no se atrevió a hacerlo, pues el señor era dueño de la carreta, la mula, y la tierra. Lo único que John tenía era su trabajo y su dignidad. Perkins explica en una charla con los voluntarios del "Centro John Perkins para la Reconciliación" en Jackson, Mississippi: "La justicia se trata de una cuestión económica. La justicia es un tema de administración de recursos. La justicia es un asunto de ser propietario. La justicia tiene que ver con el acceso equitativo de los recursos de la creación de Dios".

Después de que el General Grant ganó la batalla de Vicksburg durante la Guerra Civil de los Estados Unidos, él se hizo cargo de la plantación de Jefferson Davis, permitiendo que los esclavos liberados la cultivaran, prestándoles las herramientas necesarias para trabajar la tierra. Trabajaron duro, tuvieron una buena cosecha, obtuvieron una ganancia, y pagaron sus préstamos. Entonces Grant repitió y amplió el experimento el siguiente año con los mismos buenos resultados. Al año siguiente cuando terminó la Guerra Civil, como un acto de reconciliación entre el Norte y el Sur, la plantación fue devuelta a la familia Davis. Esto dejó sin tierra a los esclavos liberados en una sociedad agrícola; ellos no eran dueños de su propia tierra (lago) y perdieron el control de su futuro.[8] La historia nos enseña que sin justicia/propiedad las nuevas libertades se pierden pronto. La segregación[9] y la aparcería[10] reemplazaron la esclavitud.[11] La aparcería en realidad era sólo unos niveles por encima de la esclavitud. Sí, Lincoln independizó a los esclavos (liberación), pero ni él, ni sus seguidores, ni el Congreso continuaron con la emancipación de justicia-propiedad—los "cuarenta acres y una mula"[12] prometidos nunca se materializaron. La libertad sin justicia no es perdurable; la libertad y la justicia deben ir mano a mano. Y frecuentemente, apropiarse de la tierra es la justicia.

Manning Marable, un historiador afroamericano, comentó en su

---

[8] Loewen, James W., *Mississippi: Conflict and Change* (*Mississippi: Conflicto y Cambio)*, ed. James W. Loewen y Charles Sallis (Nueva York: Panthian Books, 1974), 1, 136–37.

[9] La segregación racial es un tipo de discriminación institucionalizada que separa a las personas en base a su raza. La separación puede ser geográfica, pero a menudo está apoyada por la prestación de servicios a través de estructuras legales y sociales separadas. Por ejemplo, las leyes del Sur de *Jim Crow*, crearon baños públicos separados, fuentes de agua potable, y escuelas para negros y blancos. Ver en.wikipedia.org/wiki/Racial_discrimination.

[10] La aparcería es un sistema de la agricultura en la que un propietario permite al inquilino usar la tierra a cambio de una parte de los cultivos que se producen en la tierra.

[11] Sin tierra, los antiguos esclavos eran obligados a resolver una nueva relación con sus antiguos dueños. La aparcería ofreció un poco de libertad para trabajar de forma independiente y en un principio parecía una buena oferta para los ex esclavos, pero rápidamente resultó desastrosa tanto para los pobres tanto negros como para los blancos. Los aparceros necesitaban no sólo la tierra, sino la semilla, el fertilizante, y las provisiones para vivir hasta la cosecha. La caída de precios de los cultivos, las altas tasas de crédito, y los comerciantes y los acreedores sin escrúpulos dejaron endeudados a aparceros blancos y negros por igual después de la cosecha, atándolos eventualmente en un ciclo sin fin. Ver http://www.history.com/topics/black-history/sharecropping

[12] Cerca del final de la Guerra Civil, el general William Tecumseh Sherman emitió una orden especial apartando las parcelas de tierra de 40 acres para los esclavos liberados. Pero, cediendo a la presión política, el presidente Andrew Johnson invalidó la orden a favor de los anteriores terratenientes blancos. Los antiguos esclavos que querían permanecer en la tierra tuvieron que trabajar para los antiguos dueños de esclavos. Franklin D. Raines, "Cuarenta acres y una hipoteca," *Sojourners* (Sept.-Oct. 2002), http://www. sojo.net/index.cfm?action=magazine.article&issue=soj0209&article=020920.

libro, *The Great Wells of Democracy* (*Los grandes pozos de la democracia*):

> Supongamos que se hubiera llevado a cabo la redistribución general de las plantaciones abandonadas y confiscadas... Había aproximadamente 350 millones de acres de tierra y un millón de familias negras viviendo en el Sur de los Estados Unidos en 1865. Cuarenta acres asignados a cada familia afroamericana habrían sido sólo 40 millones de acres. Esta reforma podría haber ido acompañada de una redistribución general de tierras a los blancos pobres, de los cuales casi ninguno había poseído esclavos. De haber tenido lugar una reforma integral de la tierra en el Sur de 1865 a 1866.... la historia de la América negra habría sido fundamentalmente diferente. La segregación de Jim Crow[13] no se habría impuesto a la sociedad del Sur del país, y no habría habido necesidad del Movimiento de los Derechos Civiles de un siglo más tarde. [14]

El doctor Perkins ha dicho que si simplemente diéramos dinero a los pobres, los ricos recibirían ese mismo dinero justo al día siguiente. Una familia que está reemplazando su viejo sofá, por ejemplo, probablemente compraría uno nuevo en una tienda de muebles. Digamos que esta tienda es propiedad de un hombre de negocios comparativamente rico, o de una corporación nacional o multinacional. Debido a que la tienda no estaba ubicada en su propio barrio, ni era propiedad de dueños locales, con empleados locales, ese dinero cesaría de circular para desarrollar su propia comunidad despojada y privada de sus propios derechos. Por tanto, sin el desarrollo económico de la comunidad y de "ser el dueño del lago", la redistribución de la riqueza no sería eficaz.

Hoy en día, la idea radical de la restitución y la redistribución de la tierra y de la riqueza está encontrando máxima expresión a través del desarrollo de la comunidad, de la organización comunitaria, y de muchos otros modelos de viviendas asequibles.

En Jackson, Mississippi, el ministerio La Voz del Calvario (fundado por el doctor Perkins) ayudó a los que vivían en el barrio Olin

---

[13] Una práctica o ley de segregación o discriminación contra los afroamericanos en los lugares públicos, transportaciones públicas, o en el empleo (por ejemplo, distintos fuentes de agua potable pública, distintos baños, y asientos en los autobuses y teatros con letreros diciendo "solamente para negros" o "solamente para blancos"). http://dictionary.reference.com/browse/jim+crow

[14] Manning Marable, *The Great Wells of Democracy* (*Los grandes pozos de la democracia*), Nueva York: BasicCivitas Books, 2002, 226.

Park. En ese tiempo la zona estaba llena de basura, de casas abandonadas, drogas, clubes nocturnos, y arrendatarios de casas de estilo "*shotgun*".[15] Comprar una casa nunca se consideró una opción o ni siquiera un sueño. Ahora, debido a los esfuerzos de desarrollo comunitario local, los bancos comenzaron a ofrecer préstamos sin intereses. Ahora, las familias del barrio están aumentando el valor de su propiedad[16] y se enorgullecen de su comunidad.

Hoy en día, el Espíritu de Dios está llamando a la iglesia a cumplir la misión de Jesús para liberar a los oprimidos de la injusticia en el área de la vivienda en nuestro país. Tal vez no con cuarenta acres y una mula, pero mediante la creación de un sistema más justo—reforma bancaria, reforma crediticia y sostenibilidad—y más oportunidades para acceder a la tierra y recursos.

En este capítulo exploramos nuestra relación con Dios, la tierra, y los oprimidos. Exploramos cómo estas leyes y principios que aparecen en todas las Escrituras deben guiar nuestra respuesta a la crisis de la vivienda en la actualidad. El Antiguo Testamento está repleto de temas tales como el valor del mundo material, de la tierra, de su propiedad y de su conservación, la distribución justa de la tierra, y su redistribución.

Fundamento del Antiguo Testamento: Nuestra relación con la tierra

Nosotros somos de la tierra y volveremos a la tierra. Pero, ¿cuál es nuestra relación con la tierra mientras vivimos en este mundo? La humanidad depende absolutamente de la tierra. No podemos sobrevivir sin ella. Las siete pulgadas superiores de suelo son las que producen alimentos para todo el mundo. La tierra proporciona todos los materiales necesarios para el sustento, vestido y techo. No es de extrañar que las culturas indígenas aún ven a la tierra como nuestra madre y la matriz de donde nace todo. Comenzando con Génesis, Dios nos da vislumbres de Aquel quien tiene la máxima autoridad sobre todos los recursos de la tierra y quien

---

[15] Una "casa de la escopeta" es una residencia doméstica rectangular estrecho, por lo general no más de 12 pies (3,5 m) de ancho, con habitaciones dispuestas una detrás de la otra y las puertas en cada extremo de la casa. Era el estilo más popular de la casa en el Sur de Estados Unidos desde el final de la Guerra Civil Americana (1861-1865), a través de la década de 1920. http://en.wikipedia.org/wiki/Shotgun_house

[16] Definición de "Home Equity". El valor de la propiedad construida en una casa o propiedad que representa el valor actual de mercado de la casa menos los pagos de la hipoteca restantes. Este valor se construye a lo largo del tiempo como el dueño de la propiedad paga la hipoteca y el valor de mercado de la propiedad aprecia.

delega dicha autoridad y responsabilidad a los hombres y las mujeres para que gobiernen sobre la creación (Gen. 1:28). Dios se presenta como el único y verdadero dueño de la tierra. Se deduce entonces, en un concepto más bíblico, que el ser dueño de propiedades o terrenos en la tierra gira en torno a la idea de la mayordomía[17]. Hemos de cuidar la tierra y sus recursos de acuerdo a la regla de Aquel quien es el dueño, Dios.

> El término *tierra* se refiere a todo el universo material... Es la materia prima con la que se fabrica toda la riqueza. No solamente incluye el suelo y los minerales, sino el agua, el aire, la vegetación natural, la vida silvestre, y todas las oportunidades naturales— incluso aquellas aún por descubrir. Es un factor de producción pasivo, que produce riqueza sólo cuando se aplica labor a la misma... Nacemos en la tierra, vivimos de ella, regresaremos de nuevo a ella—hijos de la tierra tan verdaderos como lo es la hoja de la hierba o la flor del campo. Si quitas al hombre todo lo que le pertenece a la tierra, él no será más que un espíritu sin cuerpo. El progreso material no puede desconectarnos de nuestra dependencia a la tierra. [18]

En el antiguo Israel, la tierra era concebida como un don heredado transmitido de generación en generación. La Biblia reconoce que la tierra podía ser comprada y vendida—pero no para el beneficio privado. "Además, el provecho de la tierra es para todos" (Ec. 5:9, RV60). El termino *tierra* no se encuentra en el índice de la mayoría de los textos teológicos, pero los autores bíblicos fueron inspirados para escribir ampliamente sobre ella. Por ejemplo, el primer pecado trajo consigo una tierra maldita. La primera disputa entre Lot y Abraham fue por causa de la tierra. La obediencia trajo bendiciones a la tierra, y la desobediencia trajo maldiciones a la tierra (Dt. 27-28). El pecado trajo la destrucción de la tierra y de ciudades enteras como Sodoma y Gomorra (Gn. 19; Ez. 16:49). Dios permitió que Israel heredara la Tierra Prometida. Libros enteros de la Biblia están dedicados a la adquisición y subdivisión de la tierra por parte de Israel. (Nm. 34, Jos.). Capítulos completos están dedicados acerca al uso de la tierra (Lv. 25); los derechos de propiedad (Ex. 22), incluyendo la protección contra el "robo" de la tierra (Dt. 19:14; 27:11-16); y las leyes

---

[17] La mayordomía es una ética que encarna la planificación y gestión de recursos de una manera responsable. Los conceptos de administración se pueden aplicar para el medio ambiente, economía, salud, propiedad, la información, teología, etc. wikipedia.org/wiki/Stewardship

[18] Henry George, "Teología de la Liberación y Lecturas de la Reforma Agraria," www.landreform.org/reading0.htm.

que rigen la preservación de viviendas en la tierra (Lv. 14:35-54). Por ejemplo, en algunos capítulos se dan "códigos de construcción" muy específicos sobre casas contaminadas con mohos infecciosos, junto con instrucciones específicas sobre que debía ser eliminado—como si se leyera un proceso para la eliminación de la pintura con plomo en la actualidad. Incluso se registra la forma de como el sacerdote supervisa el proceso y así hace cumplir la ley. Además, la Biblia da a las mujeres el derecho de heredar la tierra (Nm. 27; 36), y se promete una tierra "saludable" si se cumplen ciertas condiciones (2 Cr. 7:14). Por otra parte, todo el libro de Lamentaciones trata sobre el luto de haber perdido la tierra.

La obra teológica de Walter Brueggemann, *The Land* (*La Tierra*), nos da un entendimiento del lugar central de la tierra en las Escrituras. La Biblia, él señala, se refiere principalmente de ser desplazados y al anhelo de ser de un lugar: "El anhelo de pertenecer a alguna parte, de tener una casa, y de estar en un lugar seguro es una búsqueda profunda y conmovedora". [19]

> El Antiguo Testamento trataba de *lugar*, los bienes raíces específicos que se invertían bajo promesas poderosas... las fortunas de Israel en medio de la carencia de tierras (el desierto y el exilio) y la obtención de tierra, esta última, como la posesión de la tierra, la anticipación de volver a la tierra, o el dolor por la pérdida de la tierra. [20]

El acceso a la tierra y a todas las leyes que gobiernan la tierra es de suma importancia cuando se trata de cuestiones fundamentales de justicia. La Tierra Prometida es la esperanza de quienes no poseen tierra, literalmente, la puerta de acceso a las oportunidades. Las migraciones de personas han tenido lugar durante siglos, comenzando con Abraham, hasta los balseros y otros refugiados económicos[21] de nuestros días. Los inmigrantes vienen a Estados Unidos en busca de la herencia denegada en sus países. Los intentos de una familia para pedir un préstamo, obtener crédito, o ser calificada para una hipoteca sin un título de propiedad resultan ser inútiles en la mayoría de ciudades en el mundo. Este puede ser el caso en comunidades indígenas. Esto se ha hecho confuso en los EEUU. Ser dueño de la tierra te da poder. Algunos han llegado a encontrar que

---

[19] Walter Brueggemann, *The Land: Place as Gift, Promise and Challenge in Biblical Faith* (*La Tierra: Lugar como regalo, promesa y reto en la fe bíblica*), 2 ª ed. (Philadelphia: Fortress Press, 1977, 2002), 1.

[20] *Ibid*, xi.

[21] Una definición popular de "refugiado económico" es una persona que no tiene los recursos económicos suficientes para sobrevivir en su propia tierra.

como resultado de las prácticas bancarias corruptas en los Estados Unidos; el propietario legal de la escritura o título no tiene un proceso claro de saber quién es el legítimo dueño de sus hipotecas vendidas y revendidas. Años de arrendamiento, mantenimiento, y renovaciones en una propiedad alquilada dejan al arrendatario sin la revaloración de sus inversiones. Por tanto, el no ser dueño de la tierra y el no tener acceso al capital necesario son factores que perpetúan la pobreza. [22]

Dios busca aliviar la pobreza a través de la redención humana, de los sistemas que rigen a la humanidad, a nuestras ciudades y a la tierra de la cual todos dependemos. Si realmente creyéramos que Dios es el Redentor y el único y verdadero dueño de la tierra, y si hiciéramos negocios mediante las reglas de Dios, todo cambiaría—incluyendo a quiénes estaríamos dispuestos a aceptar como nuestros vecinos y cómo planearíamos ciudades inclusivas y diversas. Para muchos de nosotros nuestra identidad y seguridad están ligadas tan estrechamente a nuestros valores de vivienda y de propiedad, que podemos ser tentados a olvidarnos que en última instancia Dios es nuestro protector y proveedor.

Ley del Antiguo Testamento: economía del *shabat*[23] aplicada

En las escrituras hebreas, el *shabat* es el mecanismo organizador y primario para garantizar la eliminación de la pobreza. [24] Para los cristianos modernos, el *shabat* denota una práctica simple del Antiguo Testamento que nosotros, o bien ya no respetamos, o la hemos interpretado ampliamente como una práctica espiritual de adoración y descanso. Sin embargo, para los antiguos israelitas el término *shabat* implicaba la creencia de que su sociedad, e incluso la creación misma, giraban en torno al concepto de *shabat*. Después de ordenarles a los israelitas que trajeran sus diezmos, que descansaran un día de la semana, y que practicaran el perdón de la deuda cada siete años, Dios les dijo que si ellos seguían estas leyes, "no habrá pobres entre ustedes" (Dt. 15:4, DHH). ¡Esta es una declaración asombrosa!

En un milagro de cuarenta años, el maná[25] sustentó su nación

---

[22] Marcos Kramer, "Sin lugar o poder: En busca de un enfoque bíblico de los Derechos de la Tierra," *Prism* (marzo-abril de 2003): 8-9.

[23] Típicamente, la gente piensa que shabat está relacionada al día de descanso, y eso es verdadero. Pero aun así, le Escritura posee un entendimiento comprensivo más amplio sobre ello. En esta capitulo se ha añadido una definición más complete.

[24] Donald Kraybill, *The Upside Down Kingdom* (*El reino al revés*) Scottdale, Pa.: Herald Press, 1978, 1990, 95–106.

[25] comida cayendo del cielo

durante un tiempo en que pudieron haber muerto en el desierto. Durante este tiempo, Dios envió el maná durante seis días y en el séptimo, no cayó el maná. Sorprendentemente, en el sexto día Dios les daba suficiente comida para dos días (Ex. 16), enseñándoles acerca de la provisión de Dios, la disciplina de descanso del *shabat*, y una lección en la economía del *shabat*. Si recogían demasiado, el exceso se pudriría. Dios se aseguró que no importando cuanto la gente recogiera, nadie tuviera poco o mucho. Esta lección de igualdad económica y de confianza en Dios como proveedor también se aplicaba a la tierra. Una vez cada siete años, la tierra tendría un año sabático, estaría en descanso durante un año completo. El sustento de Israel era recolectado únicamente a partir de lo que creciera naturalmente, sin labrar o trabajar la tierra.

Después de siete ciclos sabáticos (cuarenta y nueve años), Israel conmemoró el Jubileo (Lv. 25).[26] La economía competitiva resultó en una deuda monetaria, esclavitud, y despojamiento de tierras. Si una familia no había sido capaz de recuperar su tierra después de cuarenta y nueve años, por la gracia de Dios esta ley prescribía la devolución de dicha tierra. Según esta legislación, las tierras y las casas de una familia no podían ser confiscadas de forma permanente. Las leyes sobre la tierra y la vivienda fueron escritas dentro del mismo tejido social de la sociedad israelita, como parte de la ley del *shabat*.[27]

Estas leyes proporcionan un acceso más equitativo hacia los recursos al limitar una propiedad concentrada de tierras o monopolios de terratenientes, y que trae como resultado la división social de clases, los dueños de tierras y los sin tierras. El Jubileo quitó esencialmente la ganancia de tenencia de tierra, sin dejar algún incentivo monetario para la especulación popular, eliminando una de las causas fundamentales de la pobreza en la sociedad israelita.

En el libro de Ruth, la herencia de la tierra juega un papel clave en el romance. Dos mujeres desamparadas—una de las cuales es extranjera—luchan para llegar a Belén, un pueblo que apenas se estaba recuperando de la escasez de alimentos. Existe poca oportunidad para que Ruth encuentre alimento y refugio para ella y su suegra que es de edad avanzada. Ruth sería un personaje familiar en las calles de cualquier ciudad importante en la actualidad. En la economía de Dios, los pobres encuentran esperanza cuando otras personas piadosas se atreven a auxiliar a su semejante. Si Noemí vive por largo tiempo, se le devolverá su tierra en el Jubileo; o, si ella muriera y Ruth se ha casado dentro de la tribu de

---

[26] Ched Myers, *The Biblical Vision of Sabbath Economics* (*La visión bíblica de la economía del Shabat*) Washington, DC: Di la Palabra, 2001, 15.

[27] Para un tratamiento más completo de las leyes sabáticas, vea *ibíd*.

Judá entonces los herederos de Ruth podrían reclamarla.[28]

En el caso de Ruth, Booz cumple con las leyes del Antiguo Testamento que ordenaban al pueblo de Dios que dejaran a los pobres recoger el grano sobrante de las cosechas (Lv. 19:9; 23:22). Entonces Booz entra en escena como el pariente redentor cuya intención es proporcionar un hogar a los miembros de su familia (aun aquellos de lejano parentesco) después que una tragedia les robara su herencia. Este "levirato" nupcial y la provisión de tierra son elementos sustanciales para la efectiva aplicación de las leyes sabáticas.

El profeta Nehemías confrontó audazmente a los propietarios que explotaban a los pobres. Él les exigió que regresaran de inmediato los intereses, campos, viñedos, olivares y casas que se habían posesionado. Los opresores se arrepintieron y se aceptaron la restitución (Neh. 5) de tierras. Los principios del Jubileo no fueron ajustes superfluos de menor importancia en la economía israelita, sino un profundo redentorismo sistémico.

¿Son relevantes los principios bíblicos para los sistemas económicos modernos? ¿Pueden mezclarse la eficiencia y la ganancia con la justicia y la gracia? ¿Podrían aplicarse los principios del jubileo en una comunidad o sociedad no cristiano? ¡La respuesta es un rotundo sí! Tenemos ejemplos históricos del siglo XX que lo sustentan.

El siguiente ejemplo es de *Una tierra en cautiverio* por un erudito británico, James Putzel. Como parte del acuerdo de paz de la Segunda Guerra Mundial en la región del Pacífico, el general Douglas MacArthur aprobó de mala gana, bajo la presión de Rusia, los programas integrales de reforma agraria en Japón, Corea y Taiwán. Anteriormente, en cada uno de estos países, un pequeño número de propietarios poseía la mayor parte de la tierra. Ahora los propietarios estaban siendo obligados a despojarse de la mayor parte de sus tierras, entregándoles la misma a los campesinos que carecían de ella. Como dueños de la tierra, los campesinos aumentaron rápidamente la producción, sentando las bases para el futuro crecimiento económico industrial en estos países.[29] Abogar por la justicia produce un mejor sentido económico. Sin darse cuenta los planificadores de esta reforma agraria pudieran haber sido conscientes o no de que estaban aplicando los principios del Jubileo.

Es notable que la pobreza extrema y la escasez de alimentos no

---

[28] Henry George, "Economía bíblica: *Mishpat*—Las leyes en la práctica," Lectura no. 3, en www.landreform.org/reading0.htm

[29] James Putzel, *Una tierra cautiva: La política de la Reforma Agraria en Filipinas* (Manila: Ateneo de Manila University Press, 1992).

son productos de la "sobrepoblación",... Los países poblados con mayor densidad en el mundo, [Corea, Singapur, Japón] tienen menos pobreza que algunos de sus vecinos debido a los sistemas de tierra más equitativos. [30]

Los principios del Jubileo también se aplicaron en algunas partes de la India después que lograra su independencia de los británicos a finales de 1940. Normalmente, los propietarios habían mantenido el poder político y bloqueado la reforma agraria. Pero Gandhi diseminó tanto poder moral dentro de la sociedad que la reforma agraria integral se convirtió en una política pública en algunas partes de la India, haciendo posible que los campesinos sin tierra llegasen a ser dueños de sus propios terrenos. Agentes de extensión del gobierno ayudaron a los agricultores, y de nuevo la producción se multiplicó. Los campesinos que habían sido pobres comenzaron a prosperar; así toda la comunidad se benefició. [31]

El general MacArthur se negó a presionar por una reforma agraria en las Filipinas después de la Segunda Guerra Mundial porque era amigo con la élite política de ese país.[32] Faltando la reforma, la sociedad filipina a menudo ha sido desgarrada por guerras civiles impulsadas en gran parte por un campesinado pobre que anhela reproseer su propia tierra, la cual les fue arrebatada ilegalmente. Los campesinos no eran los dueños del lago. Irónicamente, "los Estados Unidos también se fundaron bajo las nociones puras del Jubileo teniendo come lema una inscripción en el símbolo icónico de la independencia Americana, "La Campana de la Libertad", (Liberty Bell): 'Proclamaréis libertad en toda la tierra a todos sus habitantes.'" (Lv. 25:10) [33]

Justamente antes del exilio del pueblo de Israel, Dios les dio otra oportunidad para quedarse en la tierra como resultado de la obediencia:

[5] Porque si en verdad enmiendan sus caminos y sus obras, si en verdad hacen justicia entre el hombre y su prójimo, [6] y no oprimen al extranjero, al huérfano y a la viuda, ni derraman sangre inocente en este lugar, ni andan en pos de otros dioses para su propia ruina,

---

[30] Henry George, "La Iglesia y la tierra", en *Economía Bíblica*, Lectura no. 9, en www.landreform.org/reading0.htm.

[31] Esta extraordinaria historia es contada por Charlotte Wiser en *Detrás de las paredes de fango 1930-1970* (Berkeley: Universidad de California en Berkeley, 1971).

[32] Putzel, Una tierra cautiva.

[33] Henry George, "Reclamando la Tierra Prometida: Un nuevo Jubileo para un mundo nuevo", en De la tierra desolada a la Tierra Prometida, Lectura no. 9, en www.landreform.org/reading0.htm

[7] entonces haré que moren en este lugar, en la tierra que di a sus padres para siempre. (Jer. 7:5–7, NBLH)

Profetas del Antiguo Testamento: juicio por desobediencia

En el antiguo Israel, los ricos y poderosos violaron las leyes del Shabat y del Jubileo y comenzaron a oprimir al pueblo, creando divisiones de clases permanentes en la sociedad israelita. "Pocos manuscritos de literatura, antiguos o modernos, se dan voz profética en defensa hacia los pobres en contra de los engaños y las artimañas de los ricos".[34] Dios envió profeta tras profeta advirtiéndoles con furor desde el cielo, llamando a su pueblo a vivir nuevamente en justicia. Junto con la idolatría y la inmoralidad, el profeta Isaías condenó severamente la opresión, especialmente la que los ricos causaron acumulando los recursos de la creación de Dios, dejando muy poco para los pobres. Isaías habló directamente en contra de las prácticas injustas de vivienda de aquellos días:

> El viñedo del Señor todopoderoso,
> su sembrado preferido,
> es el país de Israel,
> el pueblo de Judá.
> El Señor esperaba de ellos respeto a su ley,
> y sólo encuentra asesinatos;
> esperaba justicia,
> y sólo escucha gritos de dolor.
> ¡Ay de ustedes, que compran casas y más casas,
> que consiguen campos y más campos,
> hasta no dejar lugar a nadie más,
> y se instalan como si fueran los únicos en el país!
> El Señor todopoderoso me ha jurado:
> Muchas casas serán destruidas;
> y por grandes y hermosas que sean,
> nadie las habitará". (Is. 5:7–9, DHH)

Tanto Jeremías como Isaías denunciaron claramente a los gobernantes y a los ricos que habían construido lujosas mansiones para ellos mismos, mientras que explotaban a los pobres e ignoraban la difícil situación de los más vulnerables que necesitaban viviendas asequibles (Véase Am. 5:11-12).

---

[34] *Ibíd.*, 229.

La tierra y las casas se convirtieron en símbolos de todo lo malo que sucedía en Israel. Oseas, el profeta, proclamó que la tierra se lamentaba a causa de las injusticias cometidas sobre ella (4:3). Isaías profetizó que Israel sería como terrenos cubiertos de malezas y de espinos (5:6). Todos los profetas advirtieron que Israel podría ser expulsado de la tierra si no se convertía de nuevo al Señor Dios, e impartía justicia a los pobres, y redistribuiría la tierra con equidad. Si Israel hubiera obedecido las leyes del Shabat y el año del Jubileo, se habrían evitado el juicio de Dios y su exilio de la tierra.[35]

Los profetas del Antiguo Testamento: esperanza por una ciudad que alberga a todos

Mientras que los profetas rogaron para que se obedeciese la ley, también visualizaron un retorno a la tierra y una renovación de la fe israelita en Dios. A pesar de que los babilonios tenían acorralado a Jerusalén, Jeremías compró un terreno en su pueblo natal de Anatot. La compra de Jeremías proporcionó esperanza para la renovación urbana demostrando, "Algún día de nuevo habrá dueños de estos terrenos que comprarán y venderán casas, viñedos y campos". (32:15, NTV). Él habló de un Mesías que vendría y "hará lo que es justo y correcto en toda la tierra". (33:15, NTV). Isaías también esperaba con interés el momento en que Jerusalén volviera a ser un lugar de paz y de prosperidad, cuando el pueblo de Dios volviera a tener un hogar. "Edificarán casas, y morarán en ellas; plantarán viñas, y comerán el fruto de ellas. No edificarán para que otro habite". (Is. 65:21-22a). Ray Bakke parafrasea este pasaje, explicando cómo Isaías proporciona un plan para una ciudad ideal: "Todos los problemas de vivienda se resuelven—no hay despojamiento ni aburguesamiento[36]. La gente de bajos recursos, por ejemplo, los obreros, llegarían a vivir en casas que ellos mismos construirían. Además, no habría

---

[35] Sólo hemos arañado la superficie de las muchas referencias del Antiguo Testamento a los ricos, los pobres, la opresión y la justicia, sobre todo en los profetas. Los lectores que deseen explorar estos temas en profundidad pueden consultar estos temas en una concordancia bíblica y leer directamente estos versículos.

[36] El aburguesamiento (en francés, *embourgeoisement*, y en inglés, *gentrification*) es un proceso de restauración de zonas urbanas empobrecidas llevado a cabo por parte de la clase media en las ciudades. El proceso tiene como resultado el desplazamiento de aquellas personas residentes en la zona que disponen de menos ingresos. Posted on January 14, 2010 by Surt Foundation, https://understandingsocialscience.wordpress.com/2010/01/14/definicion-aburguesamiento-gentrification

propietarios ausentes ni existiría alguna especulación sobre la vivienda en general. Sería una ciudad hospitalaria" [37] Las palabras de este pasaje describen un futuro ideal en la tierra, y no sólo en el cielo. Ezequiel incluyó al extranjero en su visión de un Israel restaurado, diciendo que cuando la tierra fuera distribuida: "Será la herencia que les toque a ustedes, y también a los extranjeros que vivan con ustedes y que tengan hijos entre ustedes. Deberán considerarlos como si hubieran nacido en Israel. Cuando repartan la tierra entre las tribus de Israel, a ellos también les tocará su parte". (Ez. 47:22 Dios Habla Hoy). Los extranjeros y los pueblos indígenas en cualquier país, incluyendo los de los Estados Unidos, frecuentemente atraviesen un momento de mucha dificultad cuando tratan de obtener una vivienda adecuada. Las barreras del idioma, los prejuicios, las costumbres y leyes poco familiares, además de la carencia de una documentación legal, puede mantenerlos atados a la pobreza:

> A los ojos de Dios todas las personas participan equitativamente a la imagen de Dios, pero algunas personas, debido a su situación física, psicológica o socio-económica, son elegidas con una medida adicional de la protección de Dios. Ellos son aquellos a quienes la sociedad ha desvalorado, aislado, y con frecuencia han sido considerados una gente sin ningún tipo de poder. Ellos son las víctimas de la opresión, la discriminación y la explotación. Los ricos y los fuertes a menudo son capaces de silenciarlos para hacerlos débiles, y para desterrarlos a la oscuridad. Sin embargo, el Dios de la Biblia todo lo ve y oye, incluso la voz de los pobres y de los oprimidos. [38]

Los Evangelios: Jesús afronta la opresión y proclama el Jubileo

La mayoría de los cristianos estadounidenses e incluso algunos teólogos de la Biblia no se dan cuenta que aparecen estos temas, el Sabbat y el Jubileo, a través de todo el Nuevo Testamento. Esta percepción equívoca se origina de un mal entendimiento entre la falta de separación de la religión y el gobierno en el mundo antiguo. La separación de la religión y el gobierno que se desarrolló en el occidente moderno frecuentemente es malinterpretada especialmente en el Nuevo Testamento, y así la historia de Jesús parece una historia puramente

---

[37] De una conferencia a cargo de Raymond Bakke en Seattle, Washington, para un curso de doctorado en Liderazgo Transformacional para la Ciudad Global, junio de 2002.

[38] Domaris, *Nuevo Diccionario Internacional del Antiguo Testamento,* 230–31.

"*religiosa*", con poco o sin ningún contenido sociopolítico. Sin embargo, el mundo antiguo sabía que no existía ninguna separación entre el templo y el estado, ni mucho menos entre la fe y la política. Jesús muchas veces tuvo conflictos con la élite religiosa quienes también pertenecían a la élite política, social y económica de Israel.

En el primer siglo la elite religiosa conformaba la primera estancia de autoridad a quienes la gente común solicitaba ayuda en Israel, pero sin saber que el verdadero poder residía en Roma. Las campañas militares romanas antes de la época de Jesús devastaron la región. Algunos judíos de la élite, habiendo rendido su integridad a pueblo y fe, y habiendo colaborado con Roma, comenzaron a explotar a los galileos por medio de la compra de tierras, y así mantuvieron a los campesinos sin tierra en deuda perpetua. Tales prácticas motivaron a Jesús a confrontar a las autoridades veintisiete veces en los evangelios. En uno de los casos, Jesús los desenmascara diciéndoles "Ay de ustedes, escribas y Fariseos, hipócritas, que devoran las casas de las viudas, aun cuando por pretexto hacen largas oraciones! 'Por eso recibirán mayor condenación". (Mt. 23:14 NBLA). Muy probablemente lo dijo en referencia a algún tipo de práctica depredadora de bienes raíces. [39] Estas deudas, además de los altos impuestos, robaron a los campesinos de Galilea cualquier esperanza de obtener su propio pedazo de tierra. [40]

Algunos teólogos han argumentado que la opresión basada en la religión durante el tiempo de Jesús fue peor que la opresión en época del profeta Amós e Isaías.[41] Luego cuando los romanos despojaron y destruyeron el templo en el año 70 D.C., había tanto oro que cuando empezó a circular, su precio bajó en un cincuenta por ciento en la cercana región de Siria.[42] (Irónicamente, se utilizó este oro para construir el Coliseo, con esclavos hebreos—la máxima humillación). [43]

Nada enfureció más a Jesús que un sistema religioso que hacía un mal uso del nombre de Dios con el fin de explotar a la gente (Vease Mt 23). Cuando los ricos y poderosos controlan la mayoría de los patrimonios,

---

[39] Se añaden otras autoridades bíblicas aquí (o después del versículo 12) el versículo 14, ¡Ay de ustedes, escribas y fariseos, hipócritas! Porque devoran las casas de las viudas, y como pretexto hacen largas oraciones. Por esto, mayor será su condenación." (RVC)

[40] Para una discusión detallada, vea Richard Horsley, *La Liberación de la Navidad* (Nueva York: Crossroad, 1989), 40–51, y Ched Myers, Binding the Strong Man (*Atando al Hombre Fuerte*) (Maryknoll, N.Y.: Orbis Books, 1988), 50–53, 75–82.

[41] Ibíd.

[42] Kraybill, *Un reino al revés*, 667–68.

[43] Aprendimos de este aspecto de la historia del Coliseo cuando visitamos en 2014.

se deja a los pobres sin suficiente recursos para satisfacer sus necesidades básicas. En una sociedad agrícola esto significa que los pobres ni siquiera poseen un terreno para cultivar alimentos y construir sus casas. Sin embargo, en la economía de Dios, todos tienen un derecho, dado por Dios para su alimentación y alojamiento.

Después de cuarenta días de ayuno en el desierto, Jesús comenzó su ministerio proclamando y llevando a cabo lo que Isaías tanto esperaba:

> "El Espíritu del Señor está sobre mí, porque me ha ungido para llevar la Buena Noticia a los pobres. Me ha enviado a proclamar que los cautivos serán liberados, que los ciegos verán, que los oprimidos serán puestos en libertad y que ha llegado el tiempo del favor del Señor"
> (Lc. 4:16–19, NTV)

En la cita bíblica anterior, Jesús leyó Isaías 61 del profeta y añadió una frase que se encuentra en Isaías 58:6—"que los oprimidos serán puestos en libertad". Jesús insertó, además, esta frase antes de culminar este pasaje bíblico: "para proclamar el año del favor del Señor" —Esta última declaración siempre había sido interpretado por los rabinos como una referencia al año del Jubileo que se encuentra en Levítico 25—la solución a la opresión económica[44] ¡Esta era ciertamente una buena noticia para los pobres! En Lucas 4, Jesús revela la razón de su venida—la razón por la cual el "Espíritu del Señor" estaba sobre Él era para "llevar la Buena Noticia a los pobres. . . para proclamar" el Jubileo.

En las bienaventuranzas, Jesús también sugirió la posibilidad de una tipología de redistribución en el Jubileo: "Dichosos los humildes, porque heredarán la tierra prometida". (Mt. 5:5, DHH). Esta frase también puede ser traducida del griego, "Bienaventurados los *pobres*, porque ellos heredarán la tierra". Si se traduce de esta manera, un lector astuto de la Biblia se dará cuenta de que este versículo hace referencia al Salmo 37:11, "Los pobres heredarán la tierra". Al invocar la visión del Jubileo para inaugurar su propio ministerio, Jesús puso un dedo en la supurante herida social, señalando que la sanidad y la integridad sólo podrían ser posible a través de una cirugía radical—tanto para el rico como para el pobre. Con la valentía y la obediencia dirigida por el Espíritu Santo en la misión radical de Jesús, los ricos como los pobres serán puestos en libertad.

A veces tenemos la tendencia de pasar por alto estas enseñanzas radicales contra la opresión y nos enfocamos en pasajes más convenientes

---

[44] Sharon H. Ringe, *Jesús, Liberación, y el jubileo bíblico* (Philadelphia: Fortress Press) 15, 23, 29–30.

y menos controversiales. Con mucha frecuencia culpamos a los pobres, sin tratar de comprender las políticas del gobierno y las razones fundamentales que explican su lucha. ¿La gente es pobre por su culpa o es culpa de la sociedad? La Biblia nos enseña que son ambas: "Los perezosos pronto se empobrecen; los que se esfuerzan en su trabajo se hacen ricos". (Prov. 10:4, NTV), y "La granja del pobre puede que produzca mucho alimento, pero la injusticia arrasa con todo". (Pr. 13:23, NTV). Incluso, bíblicamente, la causa principal de la pobreza es la opresión.[45] Etimológicamente, la raíz del término *opresión* en hebreo (*yanah*: יָנָה) significa "ser furioso y violento" o, en un concepto general, significa "el cruel e injusto ejercicio del poder y la autoridad, frecuentemente a través del control de las instituciones sociales. La opresión aplasta, humilla, animaliza, empobrece, esclaviza, o mata personas creadas a la imagen de Dios".[46] En ocasiones, aun se legaliza la opresión y un ejemplo de la biblia que condena tal acción declara lo siguiente: "¡Ay de ustedes, que dictan leyes injustas y publican decretos intolerables, que no hacen justicia a los débiles ni reconocen los derechos de los pobres de mi pueblo, que explotan a las viudas y roban a los huérfanos!". (Is. 10:01-2a, DHH).

El evangelio de Lucas resalta la pasión de Dios para lograr una justicia integral. Pero también esa pasión implica amor hacia los ricos. Por tanto, la participación de los ricos con los marginados de la sociedad será parte de su propia salvación. No una salvación por obras sino por arrepentimiento; conversión y perdón que se traduce en justicia para los pobres. Las riquezas casi siempre se entrometen entre ser humano y Dios. Nosotros que somos privilegiados—y esto nos incluye a casi todos— podemos pensar que somos cultos y libres, pero no nos damos cuenta de cuán cegados estamos por la codicia y cuantos de nosotros estamos encarcelados en nuestro cómodo estilo de vida, al igual que la historia del hombre rico y Lázaro (Lc. 16:19-31).

Jesús nos habla de un hombre rico que vive en una propiedad

---

[45] La palabra opresión aparece más de 100 veces en el Antiguo Testamento, pero rara vez en el Nuevo Testamento. Se presenta en la misión de Jesús en Lucas 4:18, citando a Isaías 58:6; dos veces en Hechos (7:19, 34), refiriéndose a la esclavitud de los hebreos en Egipto; y en Santiago 2:6, refiriéndose a los ricos que explotan a los pobres. También hay descripciones de la opresión en la que no se usa la palabra, por ejemplo, Santiago 5:1–6. Cuando Jesús purificó el templo, lo llamó una "cueva de ladrones", porque la élite política-económica-religiosa había convertido la operación del templo en un sistema opresivo. Ver "Opresión," *Diccionario Bíblico Ilustrado* (Downer's Grove, Ill.: InterVarsity Press, 1998), s.v. "Justicia"

[46] Thomas Hanks, *Dios amó tanto al Tercer Mundo* (Maryknoll, N.Y.: Orbis Books, 1983) ,38 y siguientes.

privada, y que diariamente camina e ignora a un mendigo llamado Lázaro. Este último vive de las sobras de comida y cuyas heridas son lamidas por los perros. Cuando ambos hombres mueren, el hombre rico se encuentra en el infierno, y clama al pobre Lázaro como se fuera su única esperanza de liberación de ese lugar de tormento.

Chad Schwitters[47] señala que la lección de esta parábola significa que los ricos necesitan a los pobres tanto como los pobres necesitan a los ricos. El hombre rico realmente no reconoció a Lázaro hasta que fue demasiado tarde.

Las enseñanzas de Jesús: ¡Ay de los ricos!

Jesús dijo: "Nadie puede servir a dos amos. Pues odiará a uno y amará al otro; será leal a uno y despreciará al otro. No se puede servir a Dios y al dinero" (Lucas16:13 NTV). Lucas continua, "Los fariseos, que amaban mucho su dinero, oyeron todo eso y se burlaron de Jesús. 15 Entonces él les dijo: A ustedes les encanta aparecer como personas rectas en público, pero Dios conoce el corazón. Lo que este mundo honra es detestable a los ojos de Dios" (Lucas 16:14-15 NTV). Como los profetas anteriores a su época, Jesús repetidamente condena y expone la élite religiosa públicamente por su negligencia de la justicia, utilizando aún palabras más fuertes. (Véase Mateo 23).

En Lucas 18, encontramos a Jesús compadeciéndose de un hombre rico que estaba descontento. Él le pregunto a Jesús que debía hacer para heredar la vida eterna. Jesús le respondió "Hay una cosa que todavía no has hecho. Vende todas tus posesiones y entrega el dinero a los pobres, y tendrás tesoro en el cielo. Después ven y sígueme". (v. 22, NTV). El joven rico se negó, y se fue triste. Pero justo en el siguiente capítulo nos encontramos con el raro ejemplo de una persona rica abandonando sus riquezas para poder entrar en el reino de Dios y, en el proceso, encuentra la felicidad para sí mismo y su familia. A diferencia del fariseo, Zaqueo, el recaudador de impuestos, era considerado un marginado social a causa de su ocupación (los recaudadores de impuestos solían cobrar más de lo debido para llenar sus propios bolsillos). Cuando Zaqueo se subió a un árbol para ver a Jesús, él fue visto por Jesús, y también por la multitud. En ese momento aflora una conexión emocional entre Zaqueo y Jesús. Cuando Jesús ofrece quedarse en la casa de Zaqueo, el recaudador acepta con gusto y se arrepiente de su vida injusta: "Señor, daré la mitad de mi riqueza a los pobres y, si estafé a alguien con sus impuestos, le devolveré

---

[47] Chad Schwitters es el director de un ministerio incluido en el libro *Making Housing Happen*.

cuatro veces más" (v. 8, NTV). El arrepentimiento genuino conduce a una restitución radical. Zaqueo no trató de esconder los pecados de su profesión. Como resultado, Jesús dijo: "La salvación ha venido hoy a esta casa" (v. 9, NTV). Al igual que Zaqueo, Millard Fuller, un hombre rico, vendió todo para comenzar Hábitat para la Humanidad.[48]

Al final de Lucas 19, Jesús echó fuera del templo a quienes vendían animales para el sacrificio (presumiblemente a precios exorbitantes), Jesús se enfureció porque habían convertido la casa de Dios en una "cueva de ladrones" (v. 46). Jesús desafió directamente el poder y la autoridad de los sacerdotes principales y de su sistema de opresión, por esta razón comenzaron a buscar la manera de matarlo. Los pecados socioeconómicos son fundamentales en el evangelio de Lucas. De hecho, Jesús habló más sobre el dinero, la opresión y la justicia que del cielo y el infierno juntos. Y frecuentemente, el cielo y el infierno están conectado en cómo usamos nuestras riquezas. "¡Ay de vosotros, los ricos", resume la enseñanza de Jesús en relación de los ricos (Lc. 6:24). Jesús continuó, pidiéndonos que amemos a nuestros enemigos y seamos misericordiosos como Dios es misericordioso (6:27-49), urgiéndonos a hacer no menos de lo que una comunidad en la cual Dios, y no la riqueza, gobierna y hace. Bajo el reinado de Cristo, se expulsa a opresión y se crea la justicia.

Estos temas radicales se repiten extensamente en las Escrituras, pero muchas veces nuestros ojos no están capacitados para verlos. Esto sucede en parte porque no sabemos qué hacer con ellos ni cómo practicarlos. Por ejemplo, el evangelio de Juan tiene más referencias sobre los intentos de arresto, apedreamiento o muerte de Jesús de lo se escribe en los evangelios de Mateo, Marcos y Lucas. ¿Por qué? Los temas presentados en Juan se organizan alrededor de los días de fiesta en el templo donde Jesús denuncia la corrupción y la opresión hecha en el nombre de Dios.

Entonces, ¿qué nos está pidiendo Jesús? ¿Cómo vamos a seguir su ejemplo? ¿Acaso nos ciegan nuestros temores de ser llamaos "liberales" o "radicales", paralizando nuestra valentía para luchar con lo que la Biblia dice en cuanto a la justicia de la tierra y sus implicancias para hoy? Nada de esto es fácil. Sobre todo porque la separación entre los ricos y los pobres se hace cada vez más grande, incluso dentro de la iglesia. Pero Jesús nos guiará mientras que nos sometemos a su santidad, (tanto en lo privado como en lo público), para transformar nuestros valores y nuestras comunidades mientras caminamos con nuestro pueblo con fe para defender a los marginados.

---

[48] Habitat.org/lac

La iglesia primitiva: rompiendo la adicción a las riquezas

¿Qué es lo que distingue a una iglesia llena del Espíritu? Algunos dicen que es el hablar en lenguas espirituales. Pero según el libro de los Hechos, hay también una característica distintiva de una iglesia llena del Espíritu: lo que la gente hace con sus posesiones. Los primeros discípulos de Jesús no tenían ninguna duda de cómo debían practicar el Jubileo. Instituyeron el Jubileo entre ellos, con el poder del Espíritu Santo prometido. El apóstol Pedro desafió a la iglesia primitiva con argumentos y exhortaciones:

> Y con otras muchas palabras testificaba y les exhortaba, diciendo: Sed salvos de esta perversa generación. Así que, los que recibieron su palabra fueron bautizados; y se añadieron aquel día como tres mil personas…Todos los que habían creído estaban juntos, y tenían en común todas las cosas; y vendían sus propiedades y sus bienes, y lo repartían a todos según la necesidad de cada uno. (Hch. 2:40–41, 44–45 NVI)

¡La proclamación inicial sobre el Jubileo de Jesús se cumplió en este pasaje bíblico! Ellos se encargaron de poner en práctica lo que Jesús había predicado, sin esperar ningún tipo de cambio social global:

> Así que no había entre ellos ningún necesitado; porque todos los que poseían heredades o casas, las vendían, y traían el precio de lo vendido, y lo ponían a los pies de los apóstoles; y se repartía a cada uno según su necesidad. (Hch. 4:34–35 RVR 1960)

Las leyes del Shabat no fueron destruidas, sino que se cumplieron delante de las narices de una clase dominante, egoísta, brutal e hipócrita. Una iglesia llena del Espíritu Santo encarnó al Jubileo y trajo igualdad en medio de la comunidad de fe. En Segunda de Corintios 8 y 9, el apóstol Pablo presenta el principio de ofrendar generosamente con un corazón gozoso. "EL QUE *recogió* MUCHO, NO TUVO DEMASIADO; Y EL QUE *recogió* POCO, NO TUVO ESCASEZ". (2 Cor. 8:15, NBLH). En este pasaje el apóstol se refiere al milagro del mana en el desierto mencionado en el Antiguo Testamento, y que refleja el principio bíblico de la igualdad. Pablo escribe más ampliamente sobre este tema:

> Solo quiero decir que debería haber cierta igualdad. [14] Ahora mismo ustedes tienen en abundancia y pueden ayudar a los necesitados. Más adelante, ellos tendrán en abundancia y podrán

compartir con ustedes cuando pasen necesidad. De esta manera, habrá igualdad. [15] Como dicen las Escrituras: A los que recogieron mucho, nada les sobraba, y a los que recogieron solo un poco, nada les faltaba". 2 Cor. 8:13b–15 NTV)

Una iglesia llena del Espíritu confronta la raíz de adicción a las riquezas (la cual está relacionada cercanamente a los pecados de racismo y clasismo). Puede ser que las riquezas sean aún más peligrosas y adictivas que las drogas, el alcohol y el tabaco: "Pues el amor al dinero es la raíz de toda clase de mal; y algunas personas, en su intenso deseo por el dinero, se han desviado de la fe verdadera y se han causado muchas heridas dolorosas". (1 Ti. 6:10 NTV). Y si la riqueza es tan peligrosa, ¿por qué la mayoría de nosotros queremos poseerla? ¿Por qué no hay grupos de "Ricos Anónimos" en la iglesia? Si la iglesia prestara atención a las enseñanzas bíblicas sobre los ricos y pobres; y la opresión y la justicia entonces esta podría fácilmente eliminar la mayoría de viviendas precarias en el lapso de una generación. Desgraciadamente, la justicia bíblica ha sido, con demasiada frecuencia, evitada, o corrompida.

La iglesia de hoy: justicia perdida en la traducción

Durante muchos siglos, los cristianos de habla inglesa han leído una biblia que enfatizaba muy poco sobre la justicia. En la más antigua versión de *King James* (*KJV*), la cual es muy popular en inglés, el término *justicia* sorprendentemente nunca aparece en el Nuevo Testamento, y dicha palabra con mucha rareza se menciona en el Antiguo Testamento.[49] La palabra hebrea *mishpat* fue pésimamente traducida como "juicio", apareciendo unas cien veces. Pero fue traducida como "justicia" solamente una vez. Otras versiones en inglés, como La Nueva Revisada Versión Estándar (NRSV) y la Nueva Versión Internacional (NVI) traducen *mishpat* como "justicia" unas cien veces. En la versión King James, por ejemplo, el famoso versículo de Amós 5:24 dice: "corra el juicio como las aguas". Por otro lado, la versión NVI traduce este versículo como una justicia que fluye como arroyo inagotable.[50]

---

[49] El rey James encargó esta traducción para un propósito político de unir a la nación en torno a la monarquía y la iglesia anglicana ya establecida. James no era conocido como alguien preocupado por la justicia, por lo tanto no es de extrañar que los eruditos que contrató para este propósito tendían a minimizar el uso de la palabra "justicia" en su traducción. Véase:
http://www.christianity.com/church/church-history/timeline/1601-1700/story-behind-king-james-bible-11630052.html

[50] Para ser justos con los traductores de la Versión King James, *mishpat* se puede

En el Nuevo Testamento, la mayoría de los traductores interpretaron la palabra griega *dikaiosune* como "rectitud", a pesar de que hay un crecimiento de teólogos, como Nicholas Wolterstorf, Howard Snyder, David Bosch, Graham Cray, Glenn Stassen, y David Gushee, insisten en que *dikaiosune* significa tanto "justicia" como "rectitud" o justicia/rectitud.[51] La Nueva Biblia en Inglés (NEB), traducida por teólogos británicos, es la única traducción popular en ingles que captura el significado más preciso de justicia de *dikaiosune*. Por ejemplo, Mateo 6:33 dice: "Poned la mira en el reino de Dios y su justicia",[52] y Romanos 14:17 dice: "El reino de Dios es… justicia". Graham Cray traduce Mateo 5:6, "Bienaventurados los que tienen hambre y sed de justicia". Cray comenta:

> Gran parte de esto se pierde por completo cuando los lectores leen la Biblia en inglés, debido a la falsa separación hecha entre la *rectitud* y la *justicia*, y porque "*dikaiosune*" es traducida constantemente como *rectitud* en inglés, mientras que en la Septuaginta [traducción griega del Antiguo Testamento hebreo] frecuentemente se utilizaba la palabra *justicia*.[53]

En resumen, Cray establece que el propósito del reino de Dios en la tierra es la justicia, y la dinámica del reino de Dios es el Espíritu Santo. Rara vez los teólogos hacen esta conexión entre el Espíritu Santo, el reino de Dios, y la justicia. Sidney Rooy, en un manuscrito no publicado, titulado, *La rectitud y la justicia*, comenta sobre una revelación que una familia de misioneros tuvo mientras leían juntos la Biblia en español: "De pronto descubrimos que la *rectitud* y la *justicia* son universalmente traducidos como *justicia*… de repente, la Biblia estaba llena de textos sobre la justicia".[54] Parece que las lenguas romances (como español, francés, italiano y portugués) tienen una sola conceptualización de la palabra "justicia/rectitud", y el significado primario en estos lenguajes es *justicia*.

---

traducir tanto como "juicio" o "justicia". La Nueva Versión King James ha corregido en gran medida este problema, y la Nueva Versión Internacional ha utilizado "justicia" aún más. Sin embargo, todavía hay un problema en el significado completo de la justicia en las traducciones en inglés.

[51] Glen Stassen y David Gushee, *Ética del Reino* (Downers Grove, Ill.: InterVarsity Press, 2003), 42–43.

[52] "Seek ye therefore first the kingdom of God, and his justice, and all these things shall be added unto you." Matthew 6:33, Douay-Rheims Bible.

[53] Graham Cray, Transformation: A Theology of the Kingdom, *Transformación, Una teología del reino*, vol. 5, no. 4 (1988). Tenga en cuenta que la Nueva Biblia de Jerusalén traduce "la justicia salvadora de Dios."

[54] Sidney Rooy, "Rectitud y Justicia," documento no publicado.

Pero la mayoría de la gente que habla inglés pierde el énfasis sobre la justicia del Reino de Dios.

El Reino de Dios: Cristo, la solución para la injusticia

La justicia para los pobres en el poder del Espíritu encarna el reino de Dios en la tierra. Los pasajes mesiánicos de Isaías, que describen la venida y la muerte del Mesías, están llenos de un lenguaje vehemente que denota la justicia como el elemento central de la venida del reino de Dios. (Is. 9:7; 11:1–4; 16:5; 28:16–17; 42:1–4; 61:1–4, 8). Por lo general, los cristianos definen el evangelio como: "Cristo murió por mis pecados". Esto es cierto, sin embargo, no se puede aislar su muerte de su encarnación—lo que Jesús representaba, la manera de cómo vivió, los que él escojió para acercarse, y lo que él valoraba. Jesús fue crucificado por su implacable identificación con la gente marginada de la sociedad, su rechazo al *status quo*[55], y sus confrontaciones con un sistema que oprimía a los pobres. El sufrimiento de Jesús en la cruz es un ejemplo a seguir para nosotros, así como el medio para nuestra liberación del pecado personal y social.

A través de las edades, Dios ha usado a líderes cristianos como Martin Luther King Jr., quienes se identificaron con el sufrimiento de Cristo y su postrera muerte con el fin de traer libertad y proveer leyes más justas. Durante los primeros cincuenta y cuatro años de existencia de Los Estados Unidos, no se permitió que la gente votara si no poseía alguna propiedad. No fue sino hasta 1920 que las mujeres obtuvieron el derecho a votar. Hasta 1965, obstáculos tales como las pruebas de alfabetismo e impuestos de votación fueron eliminados, permitiendo finalmente que muchos afroamericanos aprovecharan su derecho al voto que se les había otorgado noventa y cinco años atrás. Hasta que se aprobó la Ley de Equidad de Vivienda en 1968, personas de color no podían poseer propiedades en donde quisieran. Mientras tanto, nuestra nación se aferró a una constitución que dice lo siguiente: "Con libertad y justicia para todos".

El Dr. Perkins ha sido llamado el Martin Luther King Jr. del condado de Simpson, Mississippi, EUA. Perkins creó nuevas estructuras—cooperativas—que otorgaron propiedades y el control de ellas en manos de los afroamericanos. Pronto ellos comenzaron a tener sus propias casas. Esto se convirtió en una amenaza para los líderes blancos que vivían en la ciudad natal de Perkins, en Mississippi. En 1970, un alguacil de la policía" [56]lo golpeó brutalmente, hasta casi matarlo. Sin

---

[55] *Statu quo* es una locución latina, que se traduce como "estado del momento actual", que hace referencia al estado global de un asunto en un momento dado.
[56] El Cherif, o aguacil, un jefe de la policía

embargo, en los principios de 1980, el gobernador honró a Perkins por su trabajo. Él tenía la única iglesia en todo Mississippi en la que los afroamericanos y anglosajones adoraban juntos. Se le han otorgado nueve doctorados de honor por su trabajo por la justicia, ha servido en una comisión presidencial sobre la pobreza, y es autor de diez libros a pesar de que sólo tiene la educación elemental del tercer grado. Dios se deleita en confundir a los sabios y realizar lo que parece imposible.

Aunque nos aferramos a la verdad bíblica, se toma tiempo para realizar los objetivos del Reino que Jesús estableció en su misión (Lc.4:18-19). El momento es ahora. La necesidad es urgente. El amor y el poder del Espíritu Santo le dan a la iglesia el valor para iniciar los pasos hacia la justicia y poner el ejemplo de cómo manifestar una justicia más amplia para la sociedad.[57] La iglesia debe arriesgarse a sostener una visión intolerante de la pobreza, obrar con gozo y sin descanso para que todos tengan acceso a una vivienda decente y asequible.

---

[57] Según la investigaciones que yo había hecho por medio de escribir el libro, *Making Housing Happen* (*Haciendo realidad la vivienda)*, la mayoría de las leyes justas en EUA acerca de vivienda fueron iniciadas por medio del pueblo de Dios.

HOUSING JUSTICE: A BIBLICAL PERSPECTIVE

Endorsements:

Book endorsements for *Making Housing Happen: Faith Based Affordable Housing Models* and *Vivienda y justicia*.

"Jill Shook has collected wise and astute commentary from the experts in the field of housing. Together they offer seldom considered theological and biblical insights that we need to motivate us to address a crisis in America. Church people need to do something about this crisis and this book will aid them immensely if they are willing to take up the challenge outlined in these pages."
–**Tony Campolo**, Ph.D.
Professor Emeritus
Eastern University
St. Davids, PA

"Most Americans, particularly those in the religious sector, would be deeply moved to learn that 1.37 million American children are homeless. It is indeed a vulgar society that does not safeguard its young. Coming straight from the Word of life, Jill Shook shakes the foundations of our lives in *Making Housing Happen*, a work that moves from description of the problem to prescription for the problem. Ours is not a lack of know-how so much as a lack of will. If we will it, the Creator will breathe into the clay of commitment the wherewithal to make a garden existence. Jill Shook invites us to inhale."
–**Rev. Cecil L. "Chip" Murray**, Minister Emeritus of First A.M.E. Church, Los Angeles
Tanzy Chair of Christian Ethics at the University of Southern California

"*Making Housing Happen* gives students inspiring examples of how they can participate in making a difference in the lives of people throughout the community. It is real, practical, and personal. Making Housing Happen brings the dry statistics of America's affordable housing crisis to life with moving stories of struggle and triumph. "–**Dr. Russell James III,** Assistant Professor, Department of Housing & Consumer Economics, University of Georgia
"An invitation to imagine how the provision of safe, affordable, energy-efficient, and human-scale housing might be liberated from the dictatorship of market forces to serve as a sign of God's new order. I can think of few issues more urgent, and few books which interpret it with such theological wisdom."

–**Richard Slimbach,** Azusa Pacific University, Azusa CA

"In this volume, Jill Shook brings together information about the breadth and severity of our national shortage of affordable housing with the biblical themes and mandates that make this very much the church's business. A wealth of contributors of diverse talents and broad experience share the stories of successful, church-based projects to provide alternatives, along with the insights gained therein. It reminds one of the Johannine admonition, 'Let us love not in words on the tongue, but in deed and truth.'"

–**Sondra Wheeler,** Martha Ashby Carr Professor of Christian Ethics Wesley Theological Seminary, Washington, D.C.

"This is the best book I've read on housing for years, probably since Bowerly's classic *The Poor House* (Southern Illinois University Press). The issues emerge with clarity. The amazing range of resources and documentation is superb. Above all, the theological vision comes with power and passion. Somehow Shook has gotten some of the most experienced people in the whole urban world to share their practical and inspiring stories in successive chapters, making it a must read for anyone serving our Lord in cities today."

–**Ray Bakke,** Chancellor, distinguished professor of global urban ministry

"*Making Housing Happen* brings hope and delivers it to the non-expert in a clear, digestible, and comprehensive way. Drawing on the experience of housing providers all over the country, Shook blends inspiration and practicality in just the right proportions."

–**Tim Iglesias,** University of San Francisco School of Law

"*Making Housing Happen* is an excellent and greatly needed text! It is a book that will be most welcome in many circles of readers who care about the housing crisis in America. Besides providing a solid historical, theological, and human rights rationale for affordable housing, what makes this book special is its comprehensive and paradigmatic (models) of faith-based and church oriented approaches for a housing ministry. Its in-depth faith-filled stories and testimonies of successful housing ministries should prove inspirational, instructive, and challenging to all congregations endeavoring to "Seek the Peace of the City" (Jer.29:7).

–**Rev. Eldin Villafane, Ph.D.**, Professor of Christian Social Ethics Center for Urban Ministerial Education (CUME), Gordon-Conwell Theological Seminary, Boston, MA

"Jill brings these stories together with a policy lens and a theological narrative that is unparalleled. Before reading the book, I struggled with how to address the deep wounds of the housing crisis in a faithful way. After reading the book, I was moved and inspired to work with communities of faith to find solutions to homelessness. Making Housing Happen is an incredible resource and reference tool for me as I mobilize congregations to create and advocate for housing with dignity in my community. Its stories and examples are full of inspiration, hard-earned wisdom and hope."
–**Allison Johnson**, Congregational Partnership Organizer Plymouth Church Neighborhood Foundation Minneapolis, MN April 2012

"The lack of affordable housing is one of the major contributing factors to poverty in the U.S. *Making Housing Happen* collects the stories of diverse local faith-based programs that are making a difference in their communities. I commend it to all Christians looking for ways to work at improving the conditions of people in poverty–which should be all Christians."
–**Jim Wallis,** founder and editor of *Sojourners Magazine*

"An important book on an urgent topic. May the church answer this powerful call to action."
–**Ronald J. Sider** -President, Evangelicals for Social Action

"Shook and her colleagues powerfully blend inspiration and practical reality, weaving together the need for affordable housing, the teachings of the prophetic tradition, and the tangible accomplishments of churches and other faith-based organizations around the country . . . This book should be read by any person of faith ready to put that faith into practice."
–**Alan Mallach**, Senior Fellow of the National Housing Institute and Brookings Institution

"From Spanish colonial times to the present day barrios of the United States, our history is largely one of racial marginalization expressed through physical and spatial segregation. Shook offers a compelling theological framework for understanding this complex history of social and racial marginalization."
Robert Chao Romero
Professor, UCLA Cesar E. Chavez Department of Chicana/o Studies.

"Gentrification is one of the most urgent concerns that I hear in communities around the country—the loss of housing and neighborhood

by the poor as the result of a type of economic development with no heart. It is more than necessary that the church respond in a way that is serious and committed, in a way that utilizes all of our gifts. *Housing Justice: A Biblical Perspective* gives us the information and encouragement that we need in order to do God's will in this area, practicing the stewardship of our influence for the wellbeing of His people.
Rev. Alexia Salvatierra, author of *Faith-Rooted Organizing: Mobilizing the Church in Service to the World*

"As an architect who has worked with socially and economically disadvantaged communities, I recognize the importance of working for a client who has a strong vision that will guide and inspire their mission. This book is an important compendium of experiences and options that congregations with a vision of community development can study, reflect and even take to action. It will be a tool to discover the spirit that moves and unifies all these efforts. Hopefully, this book will help that same spirit continue blowing over our cities, transforming inequality into justice."
Jose Noel Toro, AIA

"As an advocate for social and economic justice, I highly recommend Housing Justice: a Biblical Perspective. All humans aspire to belong to a community that values them as equals. A most important part of this is the stability that only affordable housing can provide. Once this basic housing need is met, we can proceed to develop our financial future. This is especially important for our communities so families can grow and prosper once they feel safe and secure in an adequate and comfortable environment. This book serves us as a guide towards creating a more just society."
–Rose Mary Elizondo
B.A. in Architecture, Yale University

"By alluding to both Hebrew and Christian wisdom, this book offers an alternative invitation for the body of Christ to re-embody these ancient texts in the world today. The authors demonstrate that though the task may seem impossible in a world where everything is transformed into a consumer commodity, the local church has the unique opportunity to engage in one of the most basic human needs, housing, and by doing so, imagine the new world that is to come."
–Manuel Joshua Lopez
Azusa Pacific University

"*Housing Justice* is based on practical theory, rooted in history with applied theological tools. Shook uplifts, inspires and empowers our local congregations to be the center and catalyst for economic global transformation for social, financial and spiritual change."
Felipe E. Agredano, MTS Harvard Divinity School, President of School Board and President of the Human Relations Commission for Los Angeles County (Ret.). Theologian, Advocate and Leader in Los Angeles, CA

"In the United States, the most powerful country of the world, there are thousands of people who live on the streets, without a home, and feeling powerless. This reality is unacceptable! Yet where is the voice of the church of Christ crying out for these people? This book raises such a voice. It is dedicated to educating the US American churches about the immorality of this situation, and presents a biblical and theological perspective about the necessity of creating affordable housing. But the book goes beyond education and presents actual cases where churches and non-profit organizations have obeyed God's mandate and have created housing for people with low incomes. These practices illumine the possibilities available for churches when they desire to be a part of the solution."
Grace Roberts Dyrness
Professor of urban planning

"The theological approach in *Housing Justice: a Biblical Perspective* is very solid and universal, applicable anywhere. We need this book in Latin America."
Carlos Javier Mejía
Entrepreneur, graduate of Harvard University, former chairman of board of directors for Young Life Nicaragua, and preacher on national tv and radio for 12 years.

"Jill Shook [is] a selfless advocate for the rights of the poor."
Rev. Fernando Tamara
Bivocational, bilingual, and bicultural leader, interdisciplinary professor, multicultural pastor, community organizer, civic engagement leader, administrator, and Director of the Jesse Miranda Center for Hispanic Leadership.

Chapter One

The Context:
Practicing Housing Justice

By Jill Shook

With the worldwide growing disparity between the rich and poor and the ever-growing trend toward urbanization, especially in Latin America, housing affordability has become a serious problem, especially for the poor.[58] The good news is that the church is an important tool that God is using to address the growing need for decent and affordable housing.

I have written Chapter One to help contextualize a theological framework outlined in Chapter Two of this book. Before we explore why a church would venture into an affordable housing ministry, it's important that we consider in this first chapter some essential concepts and definitions, as well as inspiring examples and unique models of what some churches in the USA are doing to address this urgent need.

Just rent? Adequate? Affordable? What Term is Preferable?

Every county uses a different way of describing a home where people pay what is just and within their reach. Some Latin countries, such

---

[58] http://www.ibtimes.com/latin-america-wealth-gap-climbing-despite-progress-against-poverty-un-752885
http://www.diplomaticourier.com/news/regions/latin-america/1922-a-tale-of-two-cities-latin-america-s-housing-deficit
"South America is one of the most urbanized continents in the world, where almost 84% of the total population lives in cities, more urbanized than North America (82%) and Europe (73%). The future of the continent will be dominated by urban development and driven by urban systems."
"Eight out of ten people live in large cities; by 2050, that figure could climb to 90 percent." Moreover rapid urbanization will continue to widen the gulf between the haves and have-nots. http://www.ibtimes.com/latin-america-wealth-gap-climbing-despite-progress-against-poverty-un-752885

as Puerto Rico, use a term such as *"asequible."* However, other countries use different terms, like *"adecuada"* (adequate) in Mexico or *"alquileres justos"* (just renting practices) in Argentina. Still other countries use the phrase *"vivenda economica"* to address the matter of affordable housing. In this booklet we will use the term *"asequible"* to mean that both the cost and quality of housing are reasonable. In the United States the government says that to be considered affordable, housing costs should be no more than a third of one's income (this includes rent or mortgage, electricity, gas, water and property taxes).

Glimpses of What Churches Are Doing to Make Housing Happen

In the early 2000's when I discovered that numerous churches and denominations in the US were building affordable housing I was deeply moved. I felt God's call to write a book that would feature the various ways in which churches have been addressing this need. My book, *Making Housing Happen: Faith-Based Affordable Housing Models,* features visionary authors who dared to dream of a world in which everyone has a home. They imagined how to make this dream a reality. Among the authors in my book are architects, business owners, pastors, nuns, Christian community developers, and community organizers. The first two chapters of *Making Housing Happen* are foundational. Chapter One, "Rude Awakening from the American Dream," unpacks the US housing crisis, including the history of laws that have exacerbated discrimination, especially against the low-income and people of color.

Chapter Two, featured here in this Spanish edition, is called "Ownership, Land and Jubilee Justice" in English (in Spanish it's called *"Vivienda y justicia: una perspectiva biblica,"* "Housing Justice: A Biblical Perspective"). We chose to translate this chapter because it provides a biblical perspective that is applicable both within and outside the USA. Most of the other fifteen chapters in *Making Housing Happen* deal with specific US projects, which I summarize here. To understand practical applications of this emerging theology, it's important to become aware of some of these housing models.

- **Sweat Equity:** This simply means that those who will become the owners of a home will invest hours in its construction so it will be affordable. Sometimes those who invest hours are volunteers from a church, a business, or the community. Basically, there are two models of sweat equity: one is "mutual help" and was conceived by the Quakers, a religious community known for their Peace Testimony. The

Quakers initiated this project by listening to what the farm workers wanted most: their own land and home. Then they helped farm workers acquire what they needed, such as loans to buy land and building materials. They also provided training and other support. In the process they learn various skills such as carpentry, plumbing, and electrical work. In this mutual help model, a group of ten or twelve families come together and build homes and none of them move in until all the homes are completed. Using this model, farm workers not only built their own homes, they also learned new careers and created community. Today, this model which the Quakers began in the Central Valley of California in the 1960 has continued through a nonprofit called Self-Help Enterprises, which has helped migrant farm workers to build over 5,000 homes. This model has been so successful it has become part of the national housing policy to provide loans for low-income families to build homes in all rural regions of the US.

A business man named Millard Fuller visited the Central Valley of California and was impressed with Self-Help Enterprises. He founded Habitat for Humanity, which uses the sweat equity approach. Habitat uses the labor not only of future owners, but also of volunteers from churches, businesses, and the community. Habitat for Humanity is also known for taking seriously the command not to charge interest to the poor (Deut. 15) and for selling their homes without charging interest. According to the mission statesment from El Salvador's Habitat for Humanity website: "Habitat for Humanity invites people to build homes, communities and hope and thereby show God's love in action."

The website of Habitat for Humanity in Argentina explains the reason for their existence:

"In 2008 Habitat for Humanity in Argentina did an interdisciplinary study that identified as critical the situation of many families that pay market rate rents for inadequate housing in *conventillos* (homes with each room rented out). Issues such as overcrowding, structural risk and health concerns, especially in children and the elderly, are alarming in this type of housing. The consequences of informal renting end up being exploitative. What forces these families to live in these conditions are urban rental requirements, such as owning property in the city as collateral, which is something low-income families do not have. A project called *Alquileres Tutelados* was created with the aim of providing a solution for families who now live in this situation, thus addressing their housing need in an urban context."

In various chapters of my book, the authors tell of their own transformation. In the case of Habitat for Humanity, founder Millard Fuller described how his wife was no longer willing to live with a workaholic husband who was married to his wealth. Like Zacchaeus in the Bible (Luke 19: 1-10), Fuller sold everything to save his marriage and start Habitat for Humanity. Today Habitat is located in countries all over the world and in 2013, served 124,946 families.

- **Cooperative Housing:** An Episcopal church in Detroit, Michigan, reached out to help families who lived across the street in an apartment building that had caught fire in front of the church. This led church to create cooperative housing with the families in the burned apartment building. There are two types of cooperative housing: those designed to be sold at market rate, and those designed to create affordability, called a "limited equity cooperative." The idea is that all are owners of the building together, while living in their individual apartments. When occupants want to move, they can sell their "share" or part with a limited equity at a price that is affordable to future owners that qualify as being low income, rather than the selling their share at the market rate. This demonstrates sharing all things in common (*Acts* 2).

- **Cohousing**: A Presbyterian church in Oakland, California, initiated a cohousing community—a Danish model, where small homes surround a larger common house. As part of their community outreach, the church wanted to have a presence in a low-income area of Oakland. Their idea was to create a community of committed Christians who would live in this area and demonstrate their faith by loving each other and their neighbors and by respecting the land. In the cohousing model those who intend to live together form a committee to plan the development of their project from the beginning: they search for a site, buy the property, and choose an architect to work with them on their dreams and plans.

There are many co-housing communities throughout the USA. This co-housing community in Oakland, which is featured in *Making Housing Happen*, wanted all the buildings, and the space between the houses, to be a demonstration of respect for creation and the environment. For example, they converted an old car to run on solar power. In place of the motor are car batteries. The place where gas is poured into the motor is now where they plug in the electric cord. This cord draws energy from the solar panels on the roof of the garage. Because of this innovative design, and by sharing a car in common, it was not necessary to plan so many parking spaces, which is one of the highest costs of developing housing. Because the main coordinator of this project and his family were low-income and didn't qualify for a conventional loan, their small home was built in cooperation with Habitat for Humanity to make it affordable.

- **Community Land Trust**: A Catholic organization called H.O.M.E. (Homeworkers Organized for More Employment) in the state of Maine transported homeless people from their shelters to tell their stories to the legislature in the state's capital. This helped to pass legislation that allowed people to own their own homes while the land ownership remained in the hands of a nonprofit organization. Separating home ownership from ownership of the land allowed low income people to afford to purchase their homes. This model, known as a "Community Land Trust" (CLT) in English, can be described in Spanish as *fideicomiso de tierras comunitarias*. Houses in CLT's always remain affordable. Similar to the model of cooperatives, this model offers resale with limited equity. Here leases of land are made for at least a hundred years with the understanding that they will be renewed. In the case of H.O.M.E., homeless people living in their shelters had training in wood working, including carpentry and making "Christian doors," where the four parts of the door formed a cross in the middle. The good news is that some of those who advocated for the bill legalizing CLTs throughout the state now own homes they helped to build using the CLT model. One family moved from living in a car to living in a home they helped to build! There are currently over two hundred communities using the CLT model throughout the U.S.A.

- **Adaptive reuse:** A Presbyterian pastor and an Episcopal priest imagined affordable housing in an abandoned prison in Atlanta, Georgia, that had been built with walls of reinforced concrete five feet thick in the mid 1800's and could not be knocked down. In this forsaken place, they convened the top architects, who would typically compete, and challenged them to undertake this project. Within four years, together with the support of the churches and the community, they had it planned, funded and built. This model is called "**adaptive reuse.**"

  A Lutheran church in Chicago, Illinois, bought a run-down hospital in their neighborhood and turned it into award-winning affordable housing. That same congregation mortgaged their church building five times to buy apartment buildings to take them off the speculative market and make them affordable. They were committed to preserving their neighborhood, and their congregation.

- **Tenants Taking Ownership.** Hispanic immigrants living in a dilapidated building in downtown LA were inspired during their Bible study to sue the owner for building neglect. Like the persistent widow in Luke 18 who gained what she needed from the unjust judge, the tenants finally won, and the landlord decided to turn over the building to them. The tenants then partnered with the city of LA to refurbish it, turning an eyesore into a tribute to God's beauty. The shift from being renters to owners has instilled so much pride in them, that children who once aspired to be gang members are now college graduate.

  "Practicing resurrection" is what my friend Shane Claiborne, author of *The Irresistible Revolution* and *Jesus for President*, would call these miraculous results. Shane wrote a piece for *Making Housing Happen*, about moving families into an abandoned building.

- **Owners Sharing Resources**. Ralph and Cheryl Broetje began an apple farm in eastern Washington State. With over 1000 employees, good housing was hard to come by. Many of their Latino immigrant employees were living in rat-infested homes with neglectful landlords whom they felt powerless to confront due to their undocumented status. The Broetjes took five million dollars from their company's earnings and built

150 single-family homes and made them all affordable. Today many of these workers have saved enough money to purchase their own homes.

- **Nehemiah Housing Strategy:** Thirty congregations in South Bronx, New York, birthed the Nehemiah Housing Strategy. This neighborhood ravaged by drugs, gangs, and fires was seen as beyond redemption. Nevertheless, it was transformed by the courageous congregations that dared to believe in a different world. They made an audacious decision to build 1,000 homes in a place that was so bad that even police refused to go there. Like Jeremiah who was led to buy a piece of property in the devastated Jerusalem, when everyone was fleeing foreign occupation (Jeremiah 32), these congregations also invested in their community. Of those 1,000 homes built by the churches, and sold to low-income families, not one has been foreclosed, even during the 2008 mortgage meltdown that has affected the world economy. Why? The churches gathered enough money to become their own bank and developed a revolving loan fund. They set up each family to succeed. Each family purchased a home designed for two families so that the second home could be rented to off-set mortgage payments. This model created an empowered community that broke the cycle of poverty and defied the negative stereotypes attributed to it by the media, many movies and books. They turned ashes into beauty. They organized thousands of church members to ask the city for the burned out properties; they spoke with love and the power of God to city leaders. They organized among themselves the land, the money, and the people. They even rewrote laws. In the process the congregations and their community were transformed. Sarah Plowden, one homeowner said, "We more than bought homes, we bought into each other as a people" (MMH, p. 208).

Writing and editing *Making Housing Happen*, I too was transformed, especially by the chapter on the transformation of South Bronx, and how they re-organized their community. It resurrected in me hope and a deeper understanding of God's intention to redeem people, cities, laws and the land itself. As a result, I began to shift the focus of my own ministry.[59] I'm grateful for my mission agency that allowed me to re-write my job description after I realized the untapped power of the church to transform communities.

After being a campus minister in the USA, and a community developer in Mexico with Food for the Hungry, I now call myself a Catalyst as I work with congregations to address social justice issues. I encourage churches to provide space for the homeless in their church buildings through an organization called Family Promise.[60] My husband Anthony and I also encourage people who have homes to share it with those who don't have homes, as we have done for a homeless friend who lives in a small house that we built in our back yard.

Every person and every church has a significant role to play in housing our communities. To inspire us, we have the theology explained in this book as well as examples from churches and the Bible. The final chapter of my book provides a biblical example of how to begin this kind of ministry. The focus is on Nehemiah: an organizer of a distraught people, a developer of a desperate community and a defender of a community that has lost its protection because of its broken walls. The nobles and officials were robbing the people of their land and homes, and even selling their children into slavery. We should house the homeless in our homes and churches as well as save homes from corrupt bank practices, as I have done for two families in Pasadena. But Nehemiah teaches us how to increase our ministry to protect and house all the victims of oppression in a city, as he did in Jerusalem (Nehemiah 5). With the power of God, we can change unjust systems to return home and land to the victims of oppression.

Each model in *Making Housing Happen* is unique. Each one is led by the Spirit and informed by a gospel that is big enough to embrace what Dr. Ray Bakke calls *A Theology as Big as a City*. I had the privilege of studying under Dr. Bakke (author of *A Theology as Big as a City* as well as the *Urban Christian*) to obtain my

"Do not move an ancient boundary stone or encroach on the fields of the fatherless." Proverbs 23:10 NIV.

---

[59] Since graduating from Cal Poly San Luis Obispo in 1976 I have been a missionary.

[60] Family Promise currently operates in 41 states and the District of Columbia, in large cities, suburbs, and rural counties. It mobilizes community resources: houses of worship for lodging, congregations for volunteers, social service agencies for assessment and referrals, and existing facilities for day programs. This strategy enables networks to help homeless families achieve lasting independence at a third of the cost of traditional shelters.

Doctorate in Ministry in "Transformational Leadership for the Global City." I've also had the joy of studying under Dr. Vernon Grounds for my Masters at Denver seminary. At this Baptist school deeply committed to a biblical foundation, under the tutelage of Dr. Grounds, classes were offered that enabled me to fall more deeply in love with a radical and revolutionary Jesus. He is the Good News that can and does indeed change our world! I took courses from Dr. Grounds on various liberation theologies; theories of war (including pacifism) and "emotions and the Gospel." This set in motion lifelong learning that is forever reshaping my soul into Christlikeness and also helping me to reshape the soul of my neighborhood, city, state and nation in accordance with God's intention for peace and justice.

The Authors of Chapter Two

Chapter Two in this Spanish version of *Making Housing Happen* was written in 2006 collectively by Bert Newton, Ed Mahoney, Lowell Noble and myself.

Bert Newton

I met **Bert Newton** through the network of churches in Pasadena where we both live. He was a pastor of the local Mennonite Church and founded the Urban Village, an intentional Christian community where most members live on the same street, gather weekly to break bread and seek to live out the radical gospel in their lifestyles and aspects of economic sharing. Bert is Fuller Seminary trained, and employed by Pacific Clinics, where he finds housing solutions for a hard-to-house homeless population. Bert is author of *Subversive Wisdom: The Sociopolitical Dimensions of John's Gospel* and also the founder of the Palm Sunday Peace Parade, where churches gather for a family-friendly parade to wave palm branches honoring Jesus as the Prince of Peace, while holding peace signs. It was at this parade that I met Anthony in 2011. After three weeks Anthony proposed and I said yes!

Ed Mahoney

I met **Ed Mahoney** when I was the director of STARS—Students and Tutors Achieving Real Success—an afterschool program which I had the joy of founding with help from others at Lake Avenue Church. STARS provides help with homework to students from low-income families. Ed played a significant role in this program, designed to connect this 5,000-member higher income, educated, mostly white church with the lower income, under-educated, mostly Latino population surrounding it. Ed tutored STARS students and led these students in a powerful retreat centered on the forgiveness of Christ at a STARS campout. He works for a nonprofit, Hillsides, that beautifully serves at-risk youth.

Lowell Noble

I met Lowell Noble through our common mentor, who has powerfully re-shaped both Lowell's life and mine: Dr. John Perkins.

Before I tell you a bit about Lowell, you need to know about Dr. Perkins, an African American from Mississippi, a state in the South known for its racial discrimination. He was greatly affected by the death of his own mother who died of malnutrition when John was seven months old. Because she was nursing him, he has always felt that he took his mother's nutrition. After being raised in abject poverty by his grandmother and after his brother was killed in a racial incident upon returning from the war, Perkins became an angry young black man. He moved to Pasadena, California, where he found more racial equality and a good paying job. He came to know and love Christ in a racially mixed church, something he had never seen in the South. After preaching in the prisons where he heard youth with his same Mississippi accent, he felt called to return to his home state. There he figured out what it takes to keep kids from leaving their hometowns and ending up in jails across the country. It takes engaged indigenous leadership that can begin to turn a system of oppression into a system of justice. When he began Bible clubs, the children could not concentrate for lack of nutrition, so he began food coops. Soon medical and housing cooperatives followed. This was the birth of a movement called "Christian Community Development."

Dr. Perkins continued discovering in his ministry what it takes to re-weave and redeem society. He developed the three **R**'s. First, **relocation:** moving into vulnerable low-income communities to learn Christlikeness, to learn how to love our neighbors. In this way we follow Christ, who descended from heaven to dwell among us (John 1:14). From his birth Jesus identified with the poor. He was born in a manger, and became a homeless refugee. Secondly, **reconciliation**: restoring relations with God, with one another, across all racial and economic lines. Thirdly, **redistribution**: figuring out ways to generate more equal access to the resources of God's creation, for example, by keeping money circulating within a community, as this book will explain.

"The righteous know the rights of the poor; the wicked have no such understanding." Proverbs 19:7 (*NRSV, Catholic Edition.*)

Dr. Perkins moved back to Pasadena,

74

California, and started the Harambee Center, to test these same three principles in an urban setting. That is when I had the privilege of living with and learning from him and his wife Vera Mae. With these radical and deeply biblical ideas, Dr. John Perkins, although with only a third grade education, has been given numerous honorary doctorates, wrote nine books, and is an internationally known speaker. He is also the founder with Pastor ("Coach") Wayne Gordon of the Christian Community Development Association (CCDA), where 4,000 people gather each year to learn how to live out these three "Rs". He has won the hearts of many who call him their mentor, like Lowell Noble, who has written much about his life and ministry.

After receiving his M.A. in religion from Seattle Pacific University, an M.A. from Hartford Seminary, and an M.A. in anthropology from Wheaton College**, Lowell Noble** was called into missions in Appalachia, one of the poorest rural areas in the United States. He received a Specialist in Arts Degree in 1975, then taught sociology and anthropology at Spring Arbor College. For six months of the year he and his wife Dixie serve as the training (education) director for the Spencer Perkins Center at the Antioch Community in Jackson, Mississippi, working closely with Dr. John Perkins. He is the author of *From Oppression to Jubilee Justice* (2007) and played a key role in writing Chapter Two of this book. I am deeply indebted to Lowell his example, his friendship, his undying commitment to justice, and his significant part in giving shape to this powerful chapter.

Acknowledgments and My Own Journey into Making Housing Happen

I am interested not only in the development of affordable housing but also in the reason why people don't have a home. My mentor Dr. Ray Bakke says it well, "Too often our outreach projects are catching bodies as they come over the waterfall, but we don't go up to see what is causing the situation and then seek to prevent it." Through research I've discovered that many of the homeless have jobs, but don't earn enough to afford the high cost of housing. According to the US Conference of Mayors, the lack of affordable housing is one of the major causes of homelessness.[61] The focus of my ministry has now shifted to building coalitions to advocate for policies and pass measures that increase affordable units, such as our local inclusionary housing ordinance. This ordinance has produced over 480 units for people in the low-income category. I'll say more later about how

---

[61] http://www.citymayors.com/features/uscity_poverty.html

this came about.

On September 10, 2011 (9-10-11), I married Anthony Manousos, a Quaker peace activist, who loves Jesus and deeply admires my work as an advocate for housing justice.[62] Shortly after we married, our first major collaborative project was to revise *Making Housing Happen*. I admire Anthony's beautiful calling to prevent war. Quakers have a long tradition of practicing what it means to "love our enemies"(Matthew 5:44). (Anthony always says the best way to end war is to make our enemies our friends). We are both visionaries who have the audacity to take Jesus seriously, believing like the early church, that it is possible today to create communities where there "is no poverty among them" (Deut. 15 and Acts 4: 32-35). Each chapter in *Making Housing Happen* demonstrates this practically.

I thank God that my book has found its way into seminary courses as a textbook and among churches and nonprofit organizations as a study guide. Even one sixteen-year-old read it cover to cover and was inspired!

I've had the joy and privilege to live in Mexico and work with Food for the Hungry. We did community development work and founded a vocational secondary school. I have also traveled and given workshops in many Latin American countries: Argentina, Bolivia, Ecuador, El Salvador, Guatemala, Honduras, Nicaragua, Paraguay, and Peru. Many Latino pastors and leaders who have read *Making Housing Happen* in English asked if it could be translated into Spanish. Some have been so enthusiastic they have helped me with the translation. I give profound thanks to Patricia Guzman, Grecia Reyes, Manuel Joshua Lopez, Rose Mary Elizondo, my neighbor professor Kent Dickson, Gustavo Zdanovich, Fernando Tamara, and Yolanda Baquera. It was a great pleasure to work alongside Fernando, who is a professor, pastor, and organizer of pastors and churches; he greatly encouraged me during many hours of translating this work. My husband, who has a PhD in English literature and has published numerous books, offered to publish this book so it could circulate in the Latino community, including Quakers in Latin America. Thanks, Anthony, for your labor of love and many hours of help!

I'm indebted to CCDA for its support and for its commitment to take seriously the foremost command in Scripture: "to love God with all our hearts, minds, soul and strength and to love our neighbors as ourselves." (Luke 10:17) If we love our neighbors as ourselves, we want them to have what we enjoy, a decent home that they can afford. Yet, when I relocated into a low-income neighborhood of Pasadena, California, in

---

[62] Quakers are a branch of Christian known for their Peace Testimony because they have opposed war during their 350-year history.

1994, without realizing it, I became part of the problem. As I improved my home, my property values increased, and some of my low-income neighbors could no longer afford to pay their rent. That's when I became all the more committed to figuring out how to retain a racial and economic mix in my community through affordable housing, as a way to demonstrate love for my low-income neighbors.

This passion for housing has given me a variety of opportunities: to give workshops and talks at a number of conferences; to develop and teach doctoral level courses; to influence elected leaders; and coordinate events and actions at the local and national level. There are three examples that I'd like to share.

First, in 2001, I had the joy of helping in a campaign to create and pass a local ordinance for the city of Pasadena which is called IZ—Inclusionary Zoning—which is like a biblical tithe. This law requires all developers to set aside a percent of units as affordable. It also serves to distribute affordable housing throughout the city mixed in among high end housing. These units are of the same quality and size as market rate units. This is "smart growth" at its finest, serving not only to house people with lower wage jobs, but also to break down the walls between the rich and poor, as the Apostle Paul says. (Galatians 3:28; Eph. 2:14-16). This is the opposite of segregation and exclusion.[63]

> **"If you close your ear to the cry of the poor, you will cry out and not be heard."**
> **Proverbs 21:13 NVSV**

After listening to what the people of Pasadena wanted, we decided to promote an IZ law that would insure that 20% of new homes in complexes of 10 or more units would be affordable for people of very low income, low income and moderate income. Hundreds of pastors, church members and community residents filled the city council chambers and told stories of how they could not pay high rents even though they were born, grew up and worked in Pasadena. After the elected leaders listened to the community, they deliberated among themselves and voted that only 15% of the units would be set aside as affordable. As I mentioned earlier, this one law has produced approximately 480 units of affordable housing.

About five years after this ordinance was passed, I read in the

---

[63] There is a law in the state of California that permits those who build housing to increase their "density" (number of units allowed in an area) beyond what's permitted locally if they provide a portion of affordable units for people of low income. This is the reason that this ordinance is able to work economically.

newspaper about a development company that was proposing to build 800 units in Pasadena. I called and encouraged them to include the units within their complex in a high end center of the city instead of building the units elsewhere or paying a fee. Thanks be to God, with my encouragement and prayer, they decided to provide more than the 15% required; they provided 20%, all for people of very low income!

Secondly, a few years later, when I attended the annual Martin Luther King day essay event, I heard Natalie Brown, age 11, give an award-winning speech about Martin Luther King and how to put an end to homeless crisis in the US. I was astounded by her passion and her intelligence and went up to her and asked if she would be willing to give her speech in front of our city council. After getting her parent's permission, she agreed. She and her family are members of a well-known Nazarene Church in Pasadena. When she addressed the council, she also asked for a housing commission so that more people could be involved in resolving the housing crisis. Her family and various pastors came to support her. Like me, the city council was astonished by her presentation, especially when she offered to give her prize money of $250 to help begin the commission! Lack of money was one of the excuses given by some members of the city council for not supporting a housing commission. One of the council members spoke out and said: "Why does it take an eleven-year-old to tell us what we should be doing?"

Third, for many years, God has put on my heart the importance of the following: the need to retain the best teachers for our children in order to break the cycle of poverty and also the idea of encouraging these teachers to remain in the district by utilizing excess public land to provide them with affordable homes. My school district has closed a number of schools for lack of students. At one time there were 69 schools; now there are 27. Because of increased housing costs, low income families could no longer afford to buy a home or rent in our city and many moved out of the school district. Even teachers can't qualify for a bank loan to buy a house.

To address this need, I am now organizing a group that is exploring the idea of building affordable homes on excess school district land. The concept is similar to that of the community land trust model, with a long-term ground lease; in this case, the school district will retain ownership of the land. The lease would be structured in such a way that when district employees sell their home at below market rates, it will result in an income for the school district and a limited equity return for the home owners. Using this model, homes can be kept permanently affordable for future owners. This model is similar to the land use laws in Levitus 25, where equity is limited after 49 years, and God is considered the ultimate owner and provider. This model has been used effectively on the land of universities like Westmont, Harvard, and Irvine.

My passion for affordable housing has given me opportunities at the national level for which I am grateful to God. In 2014, along with a team of Christian leaders from various parts of the USA, we coordinated a symposium on affordable housing for the national CCDA conference. We also organized an "Action Tank" where pastors and directors of nonprofit organizations studied a list of fifty practical initiatives on how to bring about affordable housing in our communities. We chose those which would be appropriate to make happen in our own neighborhoods and across the entire USA.

There are many reasons why I have been inspired to practice this theology of land and housing and translate into Spanish a key chapter from *Making Housing Happen*. But one of the main reasons was my love for children and youth. With my own eyes I saw how affordable housing brought stability for the families of the youth in STARS; they were finally graduating from high school after having moved into a well-managed affordable housing complex called Agape Court. A Latino pastor and his wife live in this complex. They run a computer lab, pray for residents, and act as community pastors. Although located in a rough neighborhood, doors in the inner courtyard are often left unlocked, and parents take turns watching each other's children around the swimming pool. The trust and feeling of community in this place have fostered a transformation where there had once been prostitution and drug addiction. There, the residents pay no more than a third of their income on housing expenses. This enables them to work fewer hours and have more time for their children and neighbors. Several churches have been born in Agape's community room. This is the kind of model that needs to be replicated. This is theology lived.

We need this kind of practical theology that builds bridges between persons of different theological and political perspectives so they can find not only common ground but also higher ground in the radical teachings of Jesus.[64] We hope that this book will bring together a broad spectrum of Christians: un-programed Quakers and Evangelical Friends, Pentecostals and those who prefer a more formal liturgy, contemplatives and those who love to make joyful noises. May this book help us all to bow more deeply to the One who made the land, the fruit of the land and all its abundance. On this journey together may we find much joy while we share and steward the earth with respect, love and justice.

As Jesus said, "The spirit of the Lord is upon me. I have come to preach good news to the poor... and proclaim the acceptable year of the

---

[64] "To find common ground by moving to higher ground" is a phrase often used by my mentor Jim Wallace.

Lord." We don't have to wait for the Jubilee year, when land is redistributed every forty nine years. We can practice Jubilee now. Every time we take a bit of housing off the speculative market and make it available to those who can't afford a home, we practice Jubilee.

CHAPTER TWO

HOUSING JUSTICE:
A BIBLICAL PERSPECTIVE

By Lowell Noble with Ed Mahoney, Bert Newton
and Jill Shook

Dr. John Perkins, an African American born and raised landless and poor in Mississippi, loves to say the following:

Give a person a fish and he eats for a day. Teach a person to fish and he eats for a lifetime. That's a lie! The real issue is: Who owns the pond?

"Give a person a fish" equals charity. "Teach a person to fish," emphasizes job skills. But if the one fishing does not own the pond, she can be denied the right to fish in the pond. As a young man, Perkins recalls doing backbreaking labor all day for a man who wanted to pay him fifteen cents for his day's labor. He wanted to refuse it, but did not dare to. The man owned the wagon, the mule, and the land. All John had was his labor and dignity. Perkins elaborates in a talk with volunteers at the John Perkins Center for Reconciliation in Jackson, Mississippi: "Justice is an economic issue. Justice is a management issue. Justice is an ownership issue. Justice has to do with equal access to the resources of God's creation."

After General Grant won the battle of Vicksburg during the Civil War, he took over the Jefferson Davis plantation, allowing freed slaves to farm it, loaning them the supplies. They worked hard, had a good crop, made a profit, and paid back the loan. So Grant repeated and enlarged the experiment the next year with the same good results. The following year when the Civil War ended, as an act of reconciliation between the North and the South, the plantation was returned to the Davis family. This left the freed slaves landless in an agricultural society; they did not own their own pond/land and lost control over their future.[65] History teaches that

---

[65] Loewen, James W., *Mississippi: Conflict and Change*, ed. James W. Loewen

without justice/ownership soon even new-found freedoms are lost. Segregation[66] and sharecropping replaced slavery. Sharecropping was in reality just a few notches above slavery.[67] Yes, Lincoln freed the slaves (liberation), but neither he nor his followers nor Congress followed emancipation with justice/ownership—the promised "forty acres and a mule"[68] never materialized. Freedom without justice is not enduring; freedom and justice must go together. And, often, land ownership is justice.

Manning Marable, an African American historian, observed in *The Great Wells of Democracy*:

> Let us suppose that the general redistribution of abandoned and confiscated plantations had been carried out...There were approximately 350 million acres of land and one million black families living in the South in 1865. Forty acres allotted to each African-American family would have been only 40 million acres. This reform could have been accompanied by the general redistribution of lands to poor whites, nearly all of whom had owned no slaves. Had comprehensive land reform occurred in the South in 1865–1866... the history of black America would have been fundamentally different. Jim Crow segregation would not have been imposed on southern

---

and Charles Sallis (New York: Panthian Books, 1974), 1, 136–37.

[66] Racial segregation is a kind of institutionalized discrimination that separates people based on their race. The separation may be geographical, but is often supported by providing services through separate legal and social structures. The Jim Crow laws of the South, for example, created separate public bathrooms, drinking fountains, and schools for Blacks and Whites. See en.wikipedia.org/wiki/Racial discrimination.

[67] Without land, former slaves were forced to work out a new relationship with their former owners. Sharecropping offered some freedom to work independently and at first seemed a good bargain for ex-slaves, but quickly proved disastrous for both poor Blacks and Whites. Sharecroppers needed not only land, but seed, fertilizer, and provisions to live on until the harvest. Falling crop prices, high credit rates, and unscrupulous merchants and creditors left Black and White sharecroppers alike in debt after the harvest, eventually tying them into an endless cycle. See http://www.history.com/topics/black-history/sharecropping

[68] Near the end of the Civil War, General William Tecumseh Sherman issued a special field order setting aside 40-acre land parcels for freed slaves. But, caving to political pressure, President Andrew Johnson invalidated the order in favor of the previous White landowners. Former slaves who wanted to stay on the land then had to work for the former slaveholders. Franklin D. Raines, "Forty Acres and a Mortgage," *Sojourners* (Sept.-Oct. 2002), http://www. sojo.net/index.cfm?action=magazine.article&issue=soj0209&article=020920.

society, and there would have been no need for the Civil Rights Movement a century later.[69]

Dr. Perkins has said if we were to simply give poor people money, the wealthy would have the money back the very next day. A family replacing an old sofa, for example, would likely purchase it in a furniture store owned by a comparatively wealthy businessman, or a national or multinational corporation. Because the store was not in their own neighborhood or locally owned, with local employees, that money would cease to circulate to develop their own disenfranchised community. Apart from economic community development and "owning the pond," redistribution of wealth is not effective.

Today, the radical idea of restitution and redistribution of land and wealth is finding expression through community development, community organizing, and numerous other affordable housing models featured in this book.

In Jackson, Mississippi, Voice of Calvary Ministries (founded by Dr. Perkins) helped those living in the Olin Park neighborhood. The area was full of trash, abandoned homes, drugs, nightclubs, and renters of "shotgun" style homes. Homeownership was never considered an option or even a dream. Because of community development efforts, banks started to provide no-interest loans. Now neighborhood families are building equity and take pride in their community.

Today, the Spirit of God is calling the church to fulfill the mission of Jesus to set the oppressed free from housing injustice in our country. Maybe not with forty acres and a mule, but by creating a more just system—bank reform, credit reform and sustainability—and more opportunity for access to land and resources.

In this chapter, we explore our relationship to God, the land, and the oppressed. We explore how these laws and principles that span scripture should guide our response to the housing crisis today. The Old Testament is replete with themes such as the value of the material world, of land, its ownership and preservation, the fair distribution of land, and its redistribution.

Old Testament Foundation: Our Relationship to Land

We are from the earth and will return to the earth. But what is our relationship to the earth while we live here? Humankind is utterly

---

[69] Manning Marable, *The Great Wells of Democracy* (New York: BasicCivitas Books, 2002), 226.

dependant on land. We cannot survive without it. It's the top seven inches of soil that produces the worlds' food. Land provides all the materials needed to sustain, clothe and shelter us. No wonder native cultures view the earth as our mother and the womb from which all is birthed. Beginning with Genesis, God gives us glimpses into the One who has ultimate authority over all the earth's resources and who delegates that authority and responsibility to men and women to rule over creation (Gen. 1:28). God stands as the only true owner of the land. It follows then that a more biblical concept of human land ownership revolves around the idea of stewardship. We are to care for the earth and its resources according to the rule of the One who owns it.

> The term "Land" refers to the whole material universe…[I]t is the raw material from which all wealth is fashioned. It includes not only soil and minerals, but water, air, natural vegetation and wildlife, and all natural opportunities—even those yet to be discovered. It is a passive factor of production, yielding wealth only when labor is applied to it…On the land we are born, from it we live, to it we return again— children of the soil as truly as is the blade of grass or the flower of the field. Take away from man all that belongs to the land, and he is but a disembodied spirit. Material progress cannot rid us of our dependence upon land.[70]

In ancient Israel, land was conceived of as an inherited gift to be passed on from generation to generation. The Bible recognized that land could be bought and sold—but not for private gain. "Moreover, the profit of the earth is for all" (Ecc. 5:9, KJV). Land does not make it into the index of most theological texts, but biblical authors were inspired to write about it extensively. The first sins resulted in a cursed land. The first dispute between Lot and Abraham was over land. Obedience brought land blessings, and disobedience brought land curses (Deut. 27—28). Sin brought about the destruction of land and whole cities (Gen. 19; Ezek. 16:49) God enabled Israel to inherit the Promised Land. Whole books of the Bible are dedicated to Israel's acquisition and subdividing of that land (Num. 34, Josh.). Full chapters are devoted to land use (Lev. 25); property rights (Ex. 22), including protection against "stealing" land (Deut. 19:14; 27:11–16); and laws governing the preservation of homes on the land (Lev. 14:35–54). For example, some very specific "building codes" are given about houses contaminated with an infectious mildew, along with specific instructions on how it was to be removed—reading like a process

---

[70] Henry George, "Liberation Theology and Land Reform Readings," at www.landreform.org/reading0.htm.

for lead paint removal today. Even how to enforce this law is recorded. Additionally, the Bible gives women the right to inherit the land (Num. 27; 36), and a "healthy" land was promised if certain conditions were met (2 Chron. 7:14). Moreover, the book of Lamentations is about grieving over the loss of land.

Walter Brueggemann's theological work *The Land: Place as Gift, Promise, and Challenge in Biblical Faith* provides insight into the central place of land in the scriptures. The Bible, he notes, is primarily concerned with being displaced and yearning for a place: "The yearning to belong somewhere, to have a home, to be in a safe place is a deep and moving pursuit."[71]

> [T]he Old Testament…was concerned with place, specific real estate that was invested with powerful promises…Israel's fortunes between landlessness (wilderness, exile) and landedness, the latter either as possession of the land, as anticipation of the land, or as grief about loss of the land.[72]

When it comes to fundamental issues of justice, access to land and all the laws that govern land are paramount. The Promised Land is the hope of the landless, literally the gateway to opportunity. Migrations have been taking place for centuries, beginning with Abraham, and up to the boat people and other economic refugees of our day. Immigrants come to America looking for the inheritance denied in their countries. And some have come to find that in as a result of the corrupt banking practices in the US sold and resold their mortgages until the actually legal owner of the deed or title is unclear. A family's attempts to borrow from local banks, obtain credit, or qualify for a mortgage are fruitless in most places in the world without a land deed, and this can be the case on Native land. Years of renting and home improvements on rented property leaves a family with no return on their investments. Lack of access to land and capital perpetuates poverty.[73]

God's is in the business of alleviating poverty through the redemption of all people, systems that govern people, our cities and the soil on which we all depend. If we really believed that God is the redeemer and the only true owner of land and if we were to conduct business by God's rules,

---

[71] Walter Brueggemann, *The Land: Place as Gift, Promise, and Challenge in Biblical Faith,* 2d ed. (Philadelphia: Fortress Press, 1977, 2002), 1.

[72] *Ibid.,* xi.

[73] Mark Kramer, "Without Place or Power: In Search of a Biblical Approach to Land Rights," *Prism* (March-April 2003): 8–9.

everything would change—including from who we would be willing to embrace as our neighbors to how we plan our cities. For many us of our identity and security is tied so closely with our home and property values, that we can be tempted to forget that ultimately God is our protector and provider.

Old Testament Law: Sabbath Economics Applied

In the Hebrew Scriptures the Sabbath is the primary organizing mechanism for assuring the elimination of poverty.[74] To modern Christians, Sabbath denotes a quaint Old Testament practice we either no longer observe or have interpreted broadly as the spiritual practice of worship and rest. For the ancient Israelites, however, Sabbath entailed a belief that their society, and even creation itself, revolved around the Sabbath. After commanding the Israelites to bring their tithes each week and practice debt forgiveness every seven years, God declared that if they follow these laws, "there will be no poor among you" (Deut. 15:4, NASB). An astounding declaration!

A forty-year miracle of manna sustained their nation at a time when they might have perished in the desert. During the time God sent Manna for six days and on the seventh, no Manna appeared. On that sixth day God gave them sufficient food for two days (Ex. 16), teaching them of God's provision, the discipline of Sabbath rest, and a lesson in Sabbath economics. If they collected too much, the extra would rot. God made sure that no matter how much people collected, no one had too little or too much. This lesson of economic equality and trust in God as provider was also applied to land. Once every seven years, the land had a sabbatical, lying fallow for a full year. Israel's sustenance was drawn only from what would naturally grow without tilling or working the land.

After seven sabbatical cycles (forty-nine years), Israel observed Jubilee (Lev. 25).[75] The competitive economy resulted in monetary debt, slavery, and dispossession of land. If a family had not previously been able to get back their land, after forty-nine years the law prescribed grace by which the land could be returned to them. According to this legislation, a family's land and homes could not be permanently seized. Land and housing laws were written into the very fabric of Israelite society as part of Sabbath law.[76]

---

[74] Donald Kraybill, *The Upside-Down Kingdom* (Scottdale, Pa.: Herald Press, 1978, 1990), 95–106.

[75] Ched Myers, *The Biblical Vision of Sabbath Economics* (Washington, D.C.: Tell the Word, 2001), 15.

[76] For a more complete treatment of the Sabbath laws, see *ibid.*

These laws provide a more equitable access to resources by stopping concentrated land ownership or monopolies by landlords, and the resulting division of society into landed and landless classes. Jubilee effectively took the profit out of landholding, leaving no incentive for speculation, removing one of the root causes of poverty from Israelite society.

Although most Old Testament scholars find no evidence that the Sabbatical laws were consistently and comprehensively applied, we can point to glimpses of both ancient and modern applications.

In the book of Ruth, land inheritance plays a key role in the romance. Two destitute women—one a foreigner—stagger into Bethlehem, just recovering from famine. Little opportunity exists for Ruth to find food and shelter for herself and her aging mother-in-law. Ruth would be a familiar character on the streets of any major city today. In God's economy, the destitute find hope when godly people step forward. If Naomi lives long enough, she will get her land back in the Jubilee; or, if she dies and Ruth has married within the tribe of Judah, Ruth's heirs will be able to claim it.[77] In Ruth's case, Boaz fulfills the laws in the Old Testament that command God's people to allow the poor to glean leftover grain from their fields (Lev. 19:9; 23:22). Boaz then steps into the role of the kinsman redeemer who is meant to provide a home to family members (even distant relatives) after tragedy had robbed them of their inheritance. This "levirate" marriage and provision of land are premised on application of Sabbatical laws.

Nehemiah boldly confronted landowners who were exploiting the poor. Nehemiah demanded they immediately return the interest, the fields, vineyards, olive groves, and houses they had taken. The oppressors repented and engaged in restitution (Neh. 5). The principles of the Jubilee were not minor cosmetic adjustments to the economic system, but instead a major overhaul.

Are biblical principles relevant to modern economic systems? Can efficiency and profit mix with justice and grace? Could Jubilee principles be applied in a non-Christian setting? The answer is a resounding yes! We have twentieth-century historical examples to prove it.

The following example is from *A Captive Land* by a British scholar James Putzel. As a part of the World War II peace settlement in the Pacific region, General Douglas MacArthur grudgingly approved, under Russian pressure, comprehensive land reform programs in Japan, Korea, and Taiwan. Previously in each of these countries, a small number of landlords owned most of the land. Landlords were now required to divest themselves

---

[77] Henry George, "Biblical Economic: *Mishpat*—The Laws in Practice," Reading no. 3, at www.landreform.org/reading0.htm

of most of their land, making the land available to the landless peasants. As owners, the peasants quickly increased production, laying the foundation for future industrial economic growth in these countries.[78] Doing justice makes good economic sense. The planners of this land reform may or may not have been aware that they were applying Jubilee principles.

> It is notable that severe poverty and starvation is not a product of "overpopulation,"…The most densely populated countries of the world [Korea, Singapore, Japan] have less poverty than some of their neighbors, because of more equitable land systems.[79]

Jubilee principles were also applied in parts of India after independence was gained from the British in the late 1940s. Normally, landlords hold the political power and block land reform. But Gandhi had released so much moral power in society that comprehensive land reform became public policy in parts of India, making it possible for landless peasants to own their own land. Government extension agents aided the farmers, and again production soared. Previously dirt-poor farmers began to prosper; the whole community benefited.[80]

General MacArthur refused to push for land reform in the Philippines after World War II because he was a friend of the Filipino elite.[81] As a result of this failure, Filipino society has often been torn by civil war largely fueled by a poor peasantry wanting access to their own land, which had been taken from them illegally. The peasants had no ownership of the pond. Ironically, "the United States was also founded with notions of the Jubilee with the inscription on the Liberty Bell reading: 'Proclaim Liberty throughout all the land unto all its inhabitants.'" (Lev. 25:10)[82]

God promises peace and security in the land as a result of obedience:

> For if you truly amend your ways and your doings, if you truly act justly one with another, if you do not oppress the alien, the orphan,

---

[78] James Putzel, *A Captive Land: The Politics of Agrarian Reform in the Philippines* (Manila: Ateneo de Manila University Press, 1992).

[79] Henry George, "The Church and Land," in *Biblical Economics*, Reading no. 9, at www.landreform.org/reading0.htm.

[80] This remarkable story is told by Charlotte Wiser in *Behind Mud Walls 1930–1970* (Berkeley: University California Berkeley, 1971).

[81] Putzel, *A Captive Land, op. cit.*

[82] Henry George, "Claiming the Promised Land: A New Jubilee for a New World," in *From Wasteland to Promised Land*, Reading no. 9, at www.landreform.org/reading0.htm

and the widow, or shed innocent blood in this place, and if you do not go after other gods to your own hurt, then I will dwell with you in this place, in the land that I gave of old to your ancestors forever and ever. (Jer. 7:5–7)

Old Testament Prophets: Judgment for Disobedience

In ancient Israel, the rich and powerful violated the Sabbath and Jubilee laws and began oppressing the common people, creating permanent class divisions in Israelite society. "Few pieces of literature, ancient or modern, come close to the prophetic defense of the poor against the wiles of the rich."[83] God sent prophet after prophet screaming with warnings from heaven, calling the people of God back to doing justice. Along with idolatry and immorality, Isaiah severely condemned oppression, especially by the rich who cornered the resources of God's creation and left little for the poor. Isaiah spoke directly to the unjust housing practices of the day:

This is the story of the Lord's people.
They are the vineyard of the Lord Almighty.
Israel and Judah are his pleasant garden.
He expected them to yield a crop of justice,
but instead he found bloodshed. He expected to find righteousness,
but instead he heard cries of oppression.

Destruction is certain for you who buy up property so others have no place to live. Your homes are built on great estates so you can be alone in the land. But the Lord Almighty has sealed your awful fate. With my own ears I heard him say, "Many beautiful homes will stand deserted, the owners dead or gone." (Isa. 5:7–9, NLT)

Both Jeremiah and Isaiah clearly denounced the rulers and wealthy elite for building large, luxurious mansions for themselves while exploiting the poor and ignoring the plight of the needy for adequate housing. (See also Am. 5:11–12.)

The land and homes themselves became symbols of all that was wrong in Israel. Hosea proclaimed that the land mourned because of the injustices committed upon it (4:3). Isaiah prophesied that Israel would be like lands overgrown with briers and thorns (5:6). All the prophets warned that Israel could be expelled from the land if she did not turn back to the Lord God and deliver justice to the poor, including the redistribution of the land. If

---

[83] *Ibid.*, 229.

Israel had obeyed the Sabbath laws and the year of Jubilee, they would have been spared God's judgment and their exile from the land.[84]

Old Testament Prophets: Hope for a Housed City

While the prophets cried out for obedience to the law, they also envisioned a return to the land and a renewal of Israel's faith in God. Even as the Babylonians were laying siege to Jerusalem, Jeremiah bought land in his hometown of Anathoth. Jeremiah's purchase provided hope for urban renewal, showing, "Someday people will again own property here in this land and will buy and sell houses and vineyards and fields" (32:15, NLT). He spoke of a messiah who would come and "do what is just and right in the land" (33:15, NLT). Isaiah, too, looked forward to the time when Jerusalem would again be a place of peace and prosperity, when God's people would again have a home. "They shall build houses and inhabit them; they shall plant vineyards and eat their fruit. They shall not build and another inhabit" (Isa. 65:21–22a). Ray Bakke paraphrases this passage, explaining how Isaiah provides a blueprint for an ideal city: "All housing issues are addressed—there is no gentrification. People get to live in what they build, no absentee landlords or housing speculation—a housed city."[85] The words of this passage describe an ideal future on earth, not just in heaven. Ezekiel included the foreigner in his vision of a restored Israel, saying that when the land is divided up, "You are to consider them [aliens] as native-born Israelites; along with you they are to be allotted an inheritance among the tribes of Israel" (Ezek. 47:22b, NIV). Foreigners and indigenous peoples in any nation, including the United States, often have the most difficult time obtaining adequate housing. Language barriers, prejudice, unfamiliar customs and laws, and lack of legal status can hold them in the bonds of poverty:

> In God's sight all people share equally in the image of God, but some people, on account of their physical, psychological, or socio-economic situation, are singled out for an extra measure of the protection of God. They are those whom society has undervalued, ostracized, and often rendered powerless. They are the victims of oppression, discrimination, and exploitation. The rich and the strong

---

[84] We have only scratched the surface of the many Old Testament references to the rich, the poor, oppression, and justice, especially in the prophets. Readers wishing to explore these themes in depth might look up these topics in a Bible concordance and read these verses directly.

[85] From a lecture by Raymond Bakke in Seattle, Washington, for a doctoral course on Transformational Leadership for the Global City, June 2002.

are often able to silence them, to make them weak, and to banish them to obscurity. The God of the Bible, however, sees all things and hears even the voice of the poor and the oppressed.[86]

The Gospels: Jesus Addresses Oppression, Proclaims Jubilee

Most American Christians and even some Bible scholars seem unaware that these same themes run through the New Testament. This misperception arises from the lack of separation of religion and government in the ancient world. The separation of religion and government that developed in the modern west is often read back into the Bible, especially the New Testament, so that the story of Jesus appears purely "religious" with little or no sociopolitical content. The ancient world, however, knew no separation between temple and state, much less between faith and politics. Jesus often found himself in conflict with the religious elite who were also the political, social and economic elite in Israel.

The religious elite comprised the first layer of authority encountered by the common people in first century Israel, but the real power laid with Rome. The Roman military campaigns just prior to the time of Jesus devastated the region. Some elite Jews, who compromised and collaborated with Rome, exploited the misfortune of the Galileans by buying up the land and keeping landless peasants in perpetual debt. Such practices led Jesus to confront the authorities twenty-seven times in the gospels. For example, Jesus exposed them for "devouring widows' houses" (Mt. 23:14, NASB), most likely referring to some form of predatory real estate practice.[87] These debts, in addition to heavy taxation, robbed the peasants of Galilee of any hope of obtaining their own piece of land.[88]

Some scholars have argued that the religious-based oppression was worse in Jesus' time than during the times of Amos and Isaiah.[89] There was so much gold in the temple when the Romans sacked and destroyed it in 70 c.e. that the price of gold dropped fifty percent in nearby Syria as it

---

[86] Domaris, *New International Dictionary of Old Testament,* 230–31.

[87] Other biblical authorities add here (or after verse 12) verse 14, "Woe to you, scribes and Pharisees, hypocrites! Because you devour widows' houses and for a pretense you make long prayers; therefore you will receive the greater condemnation" (NASB).

[88] For a detailed discussion, see Richard Horsley, *The Liberation of Christmas* (New York: Crossroad, 1989), 40–51, and Ched Myers, *Binding the Strong Man* (Maryknoll, N.Y.: Orbis Books, 1988), 50–53, 75–82.

[89] Ibid.

began to circulate.[90] (Ironically, this gold was used to build the Colosseum, with Hebrew slave labor—the ultimate humiliation.)[91]

Nothing angered Jesus more than a religious system misusing God's name to exploit people. (See Mt. 23.) When the rich and powerful control most of the resources, it leaves the poor without enough to meet their basic needs. In an agricultural society, that meant that the poor lacked even a plot of land on which to grow food and build a house. Yet in God's economy, everyone has a God-given right to food and shelter.

After forty days fasting in the wilderness, Jesus opened his ministry by claiming as real what Isaiah had hoped for:

"The Spirit of the Lord is upon me, because he has anointed me
to bring good news to the poor.
He has sent me to proclaim release to the captives
and recovery of sight to the blind,
to let the oppressed go free,
to proclaim the year of the Lord's favor."
(Lk. 4:16–18, NRSV)

In the passage, Jesus read from Isaiah 61 and added a phrase found in Isaiah 58:6—"to let the oppressed go free." Jesus inserted this phrase just before the climax of the Isaiah 61 passage: "to proclaim the Year of the Lord's Favor"—"the Year of the Lord's Favor had long been interpreted by the rabbis as referring to the Jubilee year in Leviticus 25—the solution to the economically oppressed92—good news indeed for the poor! In this passage from Luke 4, Jesus declares that the reason that he came, the reason the "Spirit of the Lord" was on him, was to "bring good news for the poor . . . to proclaim" the Jubilee.

In the beatitudes, Jesus also alluded to the possibility of Jubilee type redistribution: "Blessed are the meek, for they will inherit the earth" (Mt. 5:5, NRSV). This sentence can also be translated from the Greek, "Blessed are the poor, for they will inherit the land." When it is translated this way, an astute reader of the Bible will realize that it refers to Psalm 37:11, "The poor shall inherit the land," a reference to the Jubilee. By invoking the Jubilee vision to inaugurate his own ministry, Jesus put his finger on the festering societal wound, pointing out that only by radical surgery could

---

[90] Kraybill, *Upside-Down Kingdom*, 667–68.

[91] http://en.wikipedia.org/wiki/Colosseum. We learned about this aspect of the Colosseum's history when we visited it in 2014.

[92] Sharon H. Ringe, *Jesus, Liberation, and the Biblical Jubilee* (Philadelphia: Fortress Press) 15, 23, 29–30.

healing and wholeness take place—for both the rich and the poor. With courageous, Spirit-led obedience to the radical mission of Jesus, both the rich and the poor are set free.

We tend to overlook these radical teachings against oppression and focus on passages more comfortable to us and less controversial. Too often we blame the poor, without seeking to understand the government policies and the more fundamental reasons for their struggle. Are people poor because it's their fault? or is society at fault? The Bible teaches both: "Lazy hands make a man poor, but diligent hands bring wealth" (Prov. 10:4, NIV), and "A poor person's farm may produce much food, but injustice sweeps it all away" (Prov. 13:23, NLT). Yet, biblically, the primary cause of poverty is oppression.[93] The root of the Hebrew word for oppression (*yanah*: יָנָה) means "to rage or be violent" and refers to the cruel and unjust exercise of power and authority, usually through the control of social institutions. Oppression crushes, humiliates, animalizes, impoverishes, enslaves, or kills persons created in the image of God.[94] At times, oppression is legalized: "Woe to those who make unjust laws, to those who issue oppressive decrees, to deprive the poor of their rights and withhold justice from the oppressed" (Isa. 10:1–2a, NIV).

Luke's gospel emphasizes God's passion for justice for the poor. But that passion involves love for the rich as well. The involvement of the rich with those on the margins of society will be part of their own salvation, not a salvation of works, but of repentance, conversion, and forgiveness that results in justice for the poor. Wealth often stands between us and God. We who are privileged—and that includes almost all of us—may think we are knowledgeable and free, but we don't realize how we are blinded by greed and imprisoned in our affluent lifestyle, as in the story of the rich man and Lazarus (Luke 16:19-31).

Jesus tells us of a rich man, who lived in a kind of gated household, who passes by a poor man named Lazarus who lives on scraps and whose wounds are licked by dogs. When these men both die, the rich man finds

---

[93] The word oppression occurs more than 100 times in the Old Testament, but seldom in the New Testament. It occurs in Jesus' mission in Luke 4:18, quoting Isaiah 58:6; twice in Acts (7:19, 34), referring to the Hebrews' slavery in Egypt; and in James 2:6, referring to the rich who exploit the poor. There are also descriptions of oppression in which the word is not used, e.g., James 5:1–6. When Jesus cleansed the temple, he called it a "den of robbers," because the religio-politico-economic elite had turned the temple's operation into an oppressive system. See "Oppression," *Illustrated Bible Dictionary* (Downer's Grove, Ill.:InterVarsity Press, 1998), s.v. "Justice

[94] Thomas Hanks, *God So Loved the Third World* (Maryknoll, N.Y.: Orbis Books, 1983),38 ff.

himself in hell and calls on the poor man Lazarus as his only hope for release from this place of torment.

Chad Schwitters points out that the lesson of this parable is that the rich need the poor as much as the poor need the rich. The rich man did not really see Lazarus until it was too late.

Jesus' Teachings: Woe to the Rich!

Jesus said, "No slave can serve two masters; for a slave will either hate the one and love the other, or be devoted to the one and despise the other. You cannot serve God and wealth" (Lk. 16:13). Luke follows this with, "The Pharisees, who were lovers of money, heard all this, and they ridiculed him" (Lk. 16:14). Like the prophets before him, Jesus repeatedly exposes and condemns the religious elite for their neglect of justice, using the strongest possible language in Matthew 23.

In Luke 18, we find Jesus feeling compassion for the rich, but dissatisfied, ruler who came to him asking advice on how to be a better Jew. Jesus advised him to "sell everything you have and give to the poor…Then come, follow me" (v. 22, NIV). The rich young man refused, and left, remaining sad. But in the very next chapter, chapter 19, we find the rare example of a rich person abandoning his wealth so he could enter the kingdom of God and, in the process, found happiness for himself and his household. Unlike the rich, privileged ruler, Zacchaeus, the wealthy tax collector, was considered an outsider because of his occupation. When he climbed a tree to see Jesus, he himself was truly seen by Jesus, and also by the crowd. An emotional connection develops between Zacchaeus and Jesus. When Jesus offers to stay at the home of this despised tax collector, Zacchaeus gladly accepts and repents of his unjust life: "Look, Lord! Here and now I give half of my possessions to the poor, and if I have cheated anybody out of anything, I will pay back four times the amount" (v. 8, NIV). Genuine repentance leads to radical restitution. It seems that Zacchaeus did not sugarcoat the sins of his profession. Tax collectors would often collect more than they should to line their own pockets. As a result, Jesus said, "Today salvation has come to this house" (v. 9, NIV). Like Zacchaeus, Millard Fuller, a wealthy man, sold all to begin Habitat for Humanity, as you will read in the next chapter.

At the end of Luke 19, Jesus drove those selling animals for sacrifice (presumably at exorbitant prices) out of the temple. Jesus shouted about how they had turned God's house into a "den of robbers" (v. 46). Jesus directly challenged the chief priests' power and authority and their system of oppression, so they began to seek ways to kill him. Socioeconomic sins are central to Luke's gospel. In fact, Jesus spoke more about money, oppression, and justice than heaven and hell combined. And, often, heaven or hell was connected how we use our wealth. "Woe to you who are rich" summarizes Jesus' teaching regarding the rich (Lk. 6:24). Jesus went on, asking us to love our enemies and to be merciful as God is merciful (6:27–49), urging us to do no less than act as a community in which God, not wealth, rules. Under the reign of Christ, oppression is dealt with and justice is created.

These radical themes run throughout scripture, but our eyes are often not trained to see them, partly because we don't know what to do with their practical outworking. For example, the gospel of John has more references to attempts to arrest, stone, or kill Jesus than do the synoptic gospels. Why? Much of John is organized around feast days at the temple, where Jesus exposed corruption and oppression done in the name of God.

So what is Jesus asking of us? How are we to follow his example? Do our fears of being labeled "liberal" or "radical" blind us, sapping our courage to wrestle with what the Bible teaches regarding land justice and its implications for today? None of this is easy, especially as the gap between rich and poor widens, even within the American church. But Jesus tutors us as we embrace his holiness, both private and public, to transform our values and our communities as we step out in faith to care for those on the margins.

The Early Church: Breaking Addiction to Riches

What is the mark of the Spirit-filled church? Some say speaking in tongues. Yet, according to Acts, a distinguishing characteristic of a Spirit-filled church is what people do with their possessions. Jesus' first disciples seemed to have no question in their minds as to how the Jubilee was to take place. They instituted the Jubilee among themselves in the power of the promised Holy Spirit. Peter, with arguments and exhortations, challenged the early church:

> "Save yourselves from this corrupt generation." So those who welcomed his message were baptized, and that day about three thousand persons were added…All who believed were together and had all things in common; they would sell their possessions and goods and distribute the proceeds to all, as any had need. (Acts 2:40–41, 44–45)

Jesus' promise of Jubilee was fulfilled. They took it upon themselves to practice what Jesus had preached, not waiting for any kind of universal social change:

There was not a needy person among them, for as many as owned lands or houses sold them and brought the proceeds of what was sold. They laid it at the apostles' feet, and it was distributed to each as any had need. (Acts 4:34–35)

The Sabbath laws were not destroyed, but fulfilled, right under the nose of a selfish, brutal, and hypocritical ruling class. A Spirit-filled church incarnated the Jubilee and took care of the poor. In 2 Corinthians 8 and 9, Paul discusses the principle of generous giving with a cheerful heart. He refers to the Old Testament Sabbath desert miracle and reflects the biblical principle of equality. Paul writes:

[I]t is a question of a fair balance between your present abundance and their need, so that their abundance may be for your need, in order that there may be a fair balance. As it is written, "The one who had much did not have too much, and the one who had little did not have too little." (2 Cor. 8:13b–15)

A Spirit-filled church addresses the addictive nature of riches (and its closely related sins of racism and classism). It may be that riches are more dangerous and addictive than drugs, alcohol, and tobacco: "For the love of money is a root of all kinds of evil, and in their eagerness to be rich some have wandered away from the faith" (1 Tim. 6:10). If riches are this dangerous, why do most of us want them? Why are there no "Riches Anonymous" groups in the church? If the American church would heed the biblical teachings on rich and poor, oppression and justice, it could easily eliminate substandard housing in a generation. Unfortunately, biblical justice has too often either been avoided or watered down.

Today's Church: Justice Lost in Translation

For centuries, English-speaking Christians read a Bible that said little about justice. In the older King James Version (KJV), the word justice never occurs in the New Testament, and rarely in the Old Testament.[95] The Hebrew word *mishpat* is mistranslated as "judgment" about 100 times and

---

[95] King James commissioned this translation for a political purpose—to unite the nation around the kingship and the established Anglican church. James was not known for being concerned with justice, so it is not surprising that scholars he hired for this purpose tended to minimize the use of the word "justice" in their translation. See http://www.christianity.com/church/church-history/timeline/1601-1700/story-behind-king-james-bible-11630052.html

translated as "justice" only once. The New Revised Standard Version (NRSV) and New International Version (NIV) each translate it as "justice" about 100 times. In the KJV, the famous verse from Amos 5:24 reads: "Let judgment run down as waters..." In the NIV it reads: "Let justice roll on like a river."[96]

In the New Testament, most translators interpreted the Greek word *dikaiosyne* as "righteousness," even though a growing number of scholars, such as Nicholas Wolterstor ff, Howard Snyder, David Bosch, Graham Cray, Glenn Stassen, and David Gushee, insist that *dikaiosyne* means both "justice" and "righteousness" or justice/righteousness.[97] There is only one major English translation that captures the strong justice meaning of *dikaiosyne*—the New English Bible (NEB), translated by British scholars. Matthew 6:33 reads: "Set your mind on God's kingdom and his justice," and Romans 14:17 reads: "The kingdom of God is...justice." Graham Cray translates Matthew 5:6, "Blessed are those who hunger and thirst for justice..." Cray comments:

> Much of this is entirely lost to readers of the English Bible, because of the false separation made between righteousness and justice, and because *"dikaiosune"* is consistently translated righteousness in English translations, whereas in the Septuagint [Greek translation of the Hebrew OT] it was often used to translate [the OT word] justice.[98]

In summary, Cray states that the agenda of the kingdom of God on earth is justice, and the dynamic of the kingdom of God is the Holy Spirit. Rarely do theologians make this close tie between the Holy Spirit, the kingdom of God, and justice. Sidney Rooy, in an unpublished manuscript entitled Righteousness and Justice, comments on the discoveries his missionary family made as they read the Bible together in Spanish: "Soon we discovered that righteousness and justice are universally translated *justicia*—our word for justice. Suddenly the Bible was full of texts about justice."[99] It appears that the Romance languages have only one word for justice/righteousness, and the primary meaning in these languages is

---

[96] In fairness to the KJV translators, *mishpat* can be translated as either "judgment" of "justice." The New KJV has largely corrected this problem, and the NIV has used "justice" even more. However, there is still a problem in communicating the full meaning of justice in English translations.

[97] Glen Stassen and David Gushee, *Kingdom Ethics* (Downers Grove, Ill.: InterVarsity Press, 2003), 42–43.

[98] Graham Cray, "Transformation," A Theology of the Kingdom, vol. 5, no. 4 (1988). Note that the New Jerusalem Bible translates, "God's saving justice."

[99] Sidney Rooy, "Righteousness and Justice," unpublished paper.

justice. But most English-speaking people miss the justice emphasis of the kingdom of God.

The Kingdom of God: Christ—the Remedy for Injustice

Justice for the poor in the power of the Spirit incarnates the kingdom of God on earth. The Messianic passages from Isaiah, describing the coming death of the Messiah, are filled with strong language denoting justice as central to the nature of the coming kingdom of God. (Isa. 9:7; 11:1–4;16:5; 28:16–17; 42:1–4; 61:1–4, 8)

Western Christians usually define the gospel, in essence, as, "Christ died for my sins." This is true, yet one cannot isolate his death from his incarnation—what Jesus stood for, how he lived, those he chose to get close to, and what he valued. Jesus was crucified because of his relentless identification with the people on the margins of society, his refusal to embrace the status quo, and his confrontations with a system that oppressed the poor. Jesus' suffering on the cross is an example for us to follow, as well as the means for our own freedom from personal and societal sin.

Throughout United States history God has used Christian leaders who have identified to the point of death with the sufferings of Christ to bring more just laws and freedoms. For our nation's first fifty-four years, we didn't allow people to vote unless they owned property. Not until 1920 could women vote. Only in 1965 were obstacles such as literacy tests and poll taxes dropped, finally allowing many blacks to take advantage of the voting right given them ninety-five years earlier. Until the Fair Housing Act was passed as late as 1968, minorities could not own property wherever they wished. All the while, our nation clung to a constitution that reads: "With liberty and justice for all."

Dr. Perkins was the Martin Luther King Jr. of Simpson County. Perkins set up new structures—cooperatives—that gave ownership and control to the blacks. Soon they began to own homes. This became a threat to white leaders in his Mississippi hometown. In 1970, the sheriff beat him brutally, nearly to death. However, by the early 1980s the governor honored Perkins for his work. He had the only church in Mississippi in which blacks and whites worshiped together. He's been given seven honorary doctorates for his justice work, has served on a presidential commission on poverty, and has authored ten books—even though he only has a third grade education. God delights to confound the wise and do what seems impossible.

Though we cling to biblical truth, it takes time to realize the Kingdom goals Jesus set forth in his mission (Luke 4:18-19). The time is now. The need is urgent. Love and the power of the Holy Spirit provide the courage for the church to set the pace and the example by demonstrating justice to the wider society.[100] The church must risk having a view that does not tolerate poverty, but works joyfully and tirelessly so that all have access to a decent and affordable place to live.

---

[100] According to research I did for my book *Making Housing Happen*, the majority of housing justice laws in the USA were initiated by the people of God.

Made in the USA
San Bernardino, CA
24 July 2017